Les Directives sur le droit à l'alimentation: quinze années de mise en œuvre

Bilan des avancées en matière de réalisation du Programme 2030

Organisation des Nations unies pour l'alimentation et l'agriculture
Rome, 2019

Citer comme suit:
FAO. 2019. *Les Directives sur le droit à l'alimentation: quinze années de mise en œuvre - Bilan des avancées en matière de réalisation du Programme 2030.* Rome.

ISBN 978-92-5-132002-0

Photo de couverture: ©FAO/Luis Tato

Table des matières

Encadrés

@FAO/Claudio Guzmán

Avant-propos

«Les Directives sur le droit à l'alimentation ont anticipé l'urgence d'agir pour affronter les principaux défis mondiaux d'aujourd'hui»

Quinze années se sont écoulées depuis l'adoption des Directives volontaires à l'appui de la concrétisation progressive du droit à une alimentation adéquate dans le contexte de la sécurité alimentaire mondiale (Directives sur le droit à l'alimentation) à la 127ème session du Conseil de l'Organisation des Nations Unies pour l'alimentation et l'agriculture (FAO) en novembre 2004. *Quinze années de mise en œuvre des Directives sur le droit à l'alimentation* vise à communiquer et partager les expériences accumulées au cours des quinze dernières années sur les façons dont la réalisation progressive du droit à une alimentation adéquate a agi à titre d'élément clé dans plusieurs pays.

Ayant pour objectif de fournir une direction pratique aux États quant à leurs efforts d'atteindre les objectifs du Plan d'action du Sommet mondial de l'alimentation de 1996, les Directives sur le droit à l'alimentation ont représenté la première tentative par les gouvernements d'interpréter un droit économique, social et culturel et de suggérer des actions pour sa concrétisation.

Depuis le début du siècle, des progrès considérables ont été réalisés à différents échelons afin de respecter, protéger et donner effet au droit à l'alimentation grâce aux actions d'une panoplie de parties prenantes. Au niveau global, le point de départ était la Déclaration universelle des droits de l'homme en 1948, ultérieurement codifié au sein d'instruments juridiquement contraignants tels que le Pacte international relatif aux droits économiques, sociaux et culturels (PIDESC) en 1966. Depuis, des garanties juridiques additionnelles au niveau international ont été assurées pour des groupes spécifiques, tels que les femmes, les enfants ainsi que les personnes vivant avec un handicap. Néanmoins, des défis liés à la marginalisation, l'exclusion historique, les inégalités et les vulnérabilités nuisent toujours à la concrétisation pleine et effective du droit à l'alimentation.

Malheureusement, la dernière édition de l'État de la sécurité alimentaire et de la nutrition dans le monde (SOFI) 2019 nous présente une augmentation du nombre de personnes souffrant de la faim. Présentement, plus de 820 millions de personnes souffrent de la faim dans le monde. SOFI 2019 présente la façon dont les ralentissements et les fléchissements économiques affectent négativement la sécurité alimentaire et la nutrition de manière disproportionnée où les inégalités sont plus importantes. Ce rapport évoque un message important: les pays où des politiques économiques et sociales axées sur les individus existent déjà et qui cherchent à protéger de façon durable la sécurité alimentaire et la nutrition des plus vulnérables, garantissant des services essentiels et des droits tels que la santé, l'éducation, la protection sociale, etc., sont tout simplement mieux préparés pour affronter des cycles économiques difficiles.

Les Directives sur le droit à l'alimentation nous ont guidés sur cette voie au cours des années. Aujourd'hui, le document démontre sa nature contemporaine. Il rappelle aux États l'importance d'agir immédiatement et de renouveler la façon dont nous élaborons, mettons en œuvre et faisons le suivi des politiques pour la sécurité alimentaire et la nutrition. Grâce aux Directives sur le droit à l'alimentation, un niveau élevé de sensibilisation a été atteint quant à la façon dont les principes de participation, reddition de comptes, non-discrimination, transparence, dignité humaine, autonomisation et égalité, ainsi que l'état de droit, peuvent augmenter l'impact des politiques en se concentrant sur les personnes les plus vulnérables; tout en démontrant la façon dont une approche axée sur les individus peut représenter un investissement avec d'importants bénéfices qui contribue également à l'atteinte de voies durables vers le développement.

Dans plusieurs cas, l'objectif plus large d'assurer le droit à l'alimentation a eu un effet multiplicateur et mené à l'élaboration, l'adoption et la mise en œuvre de mesures et d'initiatives multisectorielles et multipartites pour la sécurité alimentaire et la nutrition. Elles ont pris différentes formes sur la base de chaque contexte, parmi lesquelles des garanties constitutionnelles, des lois-cadres, des lois sectorielles, des politiques, des programmes et des stratégies, ainsi que des cadres de suivi spécifiques afin d'assurer le respect, la protection et la concrétisation de ce droit humain.

Tel qu'élégamment décrit dans ce document, les Directives sur le droit à l'alimentation ont anticipé l'urgence d'agir pour affronter les principaux défis mondiaux d'aujourd'hui: conflits, migration, enjeux liés aux changements climatiques tels que les sécheresses, les pénuries d'eau, les désastres naturels, ceux-ci ne peuvent être confrontés à moins que de ne laisser personne derrière ne devienne plus qu'un simple slogan. De plus, ne laisser personne derrière requiert l'effort de plusieurs acteurs, coopérant, discutant, établissant des partenariats et avançant conjointement de façon cohérente afin d'atteindre les objectifs communs. Ce document présente une panoplie d'expériences qui démontrent notamment comment les organisations de la société civile, les parlementaires, les universitaires, les organisations de consommateurs, les institutions financières internationales, les agences de coopération pour le développement, en collaborant étroitement avec les gouvernements et leurs institutions, peuvent être des acteurs catalytiques pour la concrétisation du droit à l'alimentation pour tous.

Enfin, ce document nous rappelle le rôle clé joué par la FAO en tant qu'agent rassembleur et facilitateur de dialogues politiques, fournisseur de soutien technique et centre d'excellence pour la génération de savoir, afin d'avancer le droit humain à une alimentation adéquate au cours de la dernière décennie et demie. Aujourd'hui, la FAO est chargée de 21 indicateurs sous cinq Objectifs de développement durable (ODD) au sein du Programme de développement durable à l'horizon 2030. Ces objectifs globaux sont bien ancrés dans les droits humains, impliquant à nouveau la FAO et sa responsabilité constitutionnelle d'augmenter ses efforts et continuer à fournir son soutien critique à ses pays membres afin d'assurer que cet important droit humain soit un vrai pilier vers un plan de réussite portant vers 2030 et au-delà.

Máximo Torero
Directeur général adjoint de l'Organisation des Nations Unies pour l'alimentation et l'agriculture

Remerciements

Le document «Les Directives sur le droit à l'alimentation: Quinze années de mise en œuvre – Examiner les avancées pour concrétiser le Programme de développement durable à l'horizon 2030» a été préparé par l'Équipe du droit à l'alimentation de la Division des politiques sociales et institutions rurales (ESP) de la FAO. Simon Blondeau et Serena Pepino de l'Équipe du droit à l'alimentation étaient responsables de la préparation générale et de la coordination du document, conjointement avec Juan Carlos García y Cebolla, Chef de l'Équipe du droit à l'alimentation, qui était également responsable de la supervision technique.

L'Équipe du droit à l'alimentation souhaite souligner la contribution des personnes, équipes et groupes suivants au sein de la FAO qui, par l'entremise de leurs commentaires et contributions à différentes étapes, ont grandement enrichis le document: Ricardo Rapallo, Fonctionnaire sénior sur la sécurité alimentaire; Carlos Laorden, Journaliste pour le Programme FIRST; Margret Vidar, Fonctionnaire juriste; May Hani, Fonctionnaire politique; Christiane Monsieur, Coordinatrice de projet; Andrea Sánchez Enciso, Spécialiste sur le genre, l'autonomisation et la mobilisation communautaire; José Valls, Fonctionnaire politique; Valeria Pasarín, Consultante juriste; Manuela Cuvi, Fonctionnaire juriste; Luis Lobo, Fonctionnaire technique; Rodrigo de Lapuerta, Directeur; Yon Fernández Larrinoa, Chef de l'Équipe sur les peuples autochtones; Mariana Estrada, Spécialiste des communications pour les peuples autochtones; Pascal Liu, Économiste sénior; Victor Prada, Spécialiste des partenariats publics-privés (Forum mondial de la banane); et Pedro Marcelo Arias, Économiste.

Le texte a été révisé par Claire Mason et Melissa Shapiro, tout en bénéficiant des précieux commentaires du Rapporteur spéciale des Nations Unies pour le droit à l'alimentation, Hilal Elver.

La révision finale du document a été faite par Lynette Hunt alors que les traductions en espagnol et en français ont été effectuées par Iñigo Alvarez-Miranda et Angeline Hadman respectivement. La mise en page ainsi que le design graphique ont été effectués par Carlos de la Fuente. Enfin, un remerciement spécial va à Marta Ramón Pascual, Spécialiste des communications pour le droit à l'alimentation, qui a appuyé la consultation, la révision, la traduction ainsi que la dissémination du document.

Ce document a été rendu possible grâce au soutien financier de l'Agence espagnole pour la coopération internationale au développement (AECID) en marge du projet GCP/GLO/545/SPA «Améliorer les cadres juridiques et les mécanismes de reddition de compte pour réaliser le droit à l'alimentation».

Acronymes

AFDH	*Approche fondée sur les droits de l'homme*
ASSECCA	*Association des Sénats, Shoura et Conseils équivalents d'Afrique et du Monde Arabe*
BEI	*Banque européenne d'investissement*
BERD	*Banque européenne pour la reconstruction et le développement*
CCNUCC	*Convention-cadre des Nations Unies sur les changements climatiques*
CDA	*Cadre d'action pour la sécurité alimentaire et la nutrition lors des crises prolongées du CSA*
CDH	*Commission des droits de l'homme*
CEDAW	*Convention sur l'élimination de toutes les formes de discrimination à l'égard des femmes*
CESCR	*Comité des droits économiques, sociaux et culturels*
CONASAN	*Conseil national de sécurité alimentaire et nutritionnelle*
COP	*Conférence des Nations Unies sur les changements climatiques*
CSA	*Comité de la sécurité alimentaire mondiale*
DUDH	*Déclaration universelle des droits de l'homme*
FAO	*Food and Agriculture Organization of the United Nations*
FPF-ALC	*Front parlementaire contre la faim en Amérique latine et dans les Caraïbes*
ICN2	*Deuxième Conférence internationale sur la nutrition*
IFI	*Institutions financières internationales*
INCOPAS	*Autorité de consultation et de participation sociale*
MNT	*Maladies non transmissibles*
ODA-ALC	*Observatoire sur le droit à l'alimentation pour l'Amérique latine et les Caraïbes*
ODA-E	*Observatoire espagnol sur le droit à l'alimentation*
ODD	*Objectifs de développement durable*
OSC	*Organisations de la société civile*
PANTHER	*Participation, redevabilité, non-discrimination, transparence, dignité humaine, autonomisation et égalité et État de droit*
PAP-FSN	*Alliance parlementaire panafricaine pour la sécurité alimentaire et la nutrition*
PARLACEN	*Parlement centraméricain*
PARLANDINO	*Parlement andin*

PARLASUR	*Parlement du marché commun d'Amérique du Sud*
PARLATINO	*Parlement d'Amérique latine*
PIDESC	*Pacte international relatif aux droits économiques, sociaux et culturels*
SINASAN	*Système national de sécurité alimentaire et nutritionnelle au Guatemala*
SISAN	*Système national de sécurité alimentaire et nutritionnelle au Brésil*
SOFI	*État de la sécurité alimentaire et de la nutrition dans le monde*
VGGT	*Directives volontaires pour une gouvernance responsable des régimes fonciers applicables aux terres, aux pêches et aux forêts dans le contexte de la sécurité alimentaire nationale*

ENCADRÉS

ABC	*Agence brésilienne de coopération*
AECID	*Agence espagnole de coopération internationale au développement*
AMEXCID	*Agence de coopération internationale*
ASDI	*Agence suédoise de coopération internationale au développement*
BOHESI	*Initiative de santé et sécurité au travail dans le secteur de la banane*
CNDH	*Commission nationale des droits de l'homme*
CODAN	*Conseil départemental pour l'alimentation et la nutrition*
COMAN	*Conseil municipal pour l'alimentation et la nutrition*
CONAN	*Conseil national de l'alimentation et de la nutrition*
CT-CONAN	*Comité technique- Conseil national de l'alimentation et de la nutrition*
DESC	*Droits économiques, sociaux et culturels*
EIDHR	*Instrument européen pour la démocratie et les droits de l'homme*
FMB	*Forum mondial de la banane*
GIZ	*Ministère fédéral de la coopération économique et du développement de l'Allemagne*
MUFPP	*Pacte de politique alimentaire urbaine de Milan*
OIT	*Organisation internationale du travail*
UE	*Union européenne*
UNDRIP	*Déclaration des Nations Unies sur les droits des peuples autochtones*

©FAO/Tamiru Legesse

©FAO/Giulio Napolitano

Introduction

Si le monde a connu d'importants progrès socio-économiques et de grandes améliorations sur le plan du bien-être au cours du dernier siècle, il reste encore beaucoup à faire pour donner corps à la vision de la FAO aspirant à un monde libéré de la faim et de la malnutrition, dans lequel l'alimentation et l'agriculture contribuent à améliorer le niveau de vie de tous, en particulier des plus pauvres, d'une façon durable sur les plans économique, social et environnemental. Le Programme de développement durable à l'horizon 2030 exhorte le monde à éliminer la faim et la malnutrition à travers ses objectifs de développement durable (ODD), et plus particulièrement l'ODD 2 et ses cibles. Les ODD, fondés sur les droits de l'homme, rappellent l'importance de la concrétisation progressive du droit universel à une alimentation adéquate.

LE SAVIEZ-VOUS ?

Les droits de l'homme sont universels, indivisibles, indissociables, interdépendants et inaliénables. Ils ne peuvent aller l'un sans l'autre. Une approche fondée sur les droits de l'homme favorise la cohérence des politiques.

Depuis la rédaction de la Charte de l'Organisation des Nations Unies en 1941 et son adoption en 1945, ainsi que l'adoption de la Déclaration universelle des droits de l'homme (DUDH) en 1948, une attention particulière a été accordée à la garantie que chaque être humain puisse jouir d'un ensemble de droits et de libertés fondamentales reconnus à l'échelle internationale.

Initialement visé par l'article 25 de la DUDH relatif au droit à un niveau de vie suffisant, le droit à une alimentation adéquate a depuis été garanti par plusieurs autres instruments juridiques internationaux, au premier rang desquels se trouve le Pacte international relatif aux droits économiques sociaux et culturels (PIDESC), dont l'article 11 garantit le droit à une nourriture suffisante et le droit d'être à l'abri de la faim. Le Sommet mondial de l'alimentation de 1996, qui a fait suite à l'adoption d'instruments supplémentaires garantissant eux aussi le droit de certains groupes particuliers à une alimentation adéquate, tels que la Convention sur l'élimination de toutes les formes de discrimination à l'égard des femmes (CEDAW), la Convention relative aux droits de l'enfant et la Convention relative aux droits des personnes handicapées, a ensuite marqué un tournant décisif vers une meilleure compréhension de la définition concrète du droit à une alimentation adéquate. Les documents finaux du Sommet ont jeté les bases d'une interprétation plus précise et fourni des orientations pratiques sur les façons de mettre en œuvre le droit à une alimentation adéquate.

En 1999, le Comité des droits économiques, sociaux et culturels (CESCR) proposait, dans son Observation générale 12, une interprétation de l'article 11 du PIDESC faisant autorité. L'Observation générale 12 détaille le contenu des obligations générales et spécifiques du droit à une nourriture suffisante, en précise de nombreux aspects et propose une définition générale de la réalisation du droit à une nourriture suffisante: «chaque homme, chaque femme et chaque enfant, seul ou en communauté avec d'autres, a physiquement et économiquement accès à tout moment à une nourriture suffisante ou aux moyens de se la procurer»[1]. Un an plus tard, la Commission des droits de l'homme (CDH) établissait le mandat du Rapporteur spécial des Nations Unies sur le droit à l'alimentation, de façon à répondre pleinement à la nécessité d'une approche intégrée et coordonnée de la promotion et de la protection du droit à l'alimentation et à assurer une meilleure compréhension du contenu de l'article 11 du PIDESC. Le besoin de trouver des solutions pratiques et concrètes pour assurer la réalisation du droit à une alimentation adéquate se faisait encore ressentir.

LE SAVIEZ-VOUS ?

Les Nations Unies ont signé un protocole d'entente en 2003 entérinant une approche fondée sur les droits de l'homme (AFDH), dans lequel les agences (y compris la FAO), programmes et organes spécialisés des Nations Unies répondant à l'appel du Secrétaire général se sont mis d'accord sur une définition commune de l'AFDH appliquée aux programmes. Pour le système des Nations Unies, l'intégration des droits de l'homme suppose que:

1. Tous les programmes de coopération au développement, toutes les politiques et toute l'assistance technique devraient **favoriser la réalisation des droits de l'homme** prévus par la Déclaration universelle des droits de l'homme et d'autres instruments internationaux relatifs aux droits de l'homme.

2. Les **normes relatives aux droits de l'homme** contenues dans la Déclaration universelle des droits de l'homme et d'autres instruments internationaux relatifs aux droits de l'homme, ainsi que les principes qui en découlent, **guident la coopération au développement et l'élaboration des programmes de développement** dans tous les secteurs et à toutes les phases du processus de programmation. Les principes des droits de l'homme sont les suivants: **participation, redevabilité, non-discrimination, transparence, dignité humaine, autonomisation et égalité, et État de droit** (PANTHER, en anglais).

3. La coopération au développement contribue au développement des capacités des «**détenteurs d'obligations**» à respecter leurs obligations et/ou des «**détenteurs de droits**» à faire valoir leurs droits.

Par conséquent, pendant le Sommet mondial de l'alimentation: «cinq ans après» de 2002, les chefs d'État et de gouvernement ont invité le Conseil de la FAO à «établir [...] un Groupe de travail intergouvernemental [...] chargé d'élaborer, dans un délai de deux ans, une série de directives volontaires visant à appuyer les efforts faits par les États Membres pour concrétiser progressivement le droit à une alimentation suffisante»[2]; l'objectif 7.4 du Plan d'action du Sommet mondial de l'alimentation préconise de «clarifier le contenu du droit à une nourriture adéquate et le droit fondamental de chacun d'être à l'abri de la faim, tel qu'il figure dans le Pacte international relatif aux droits économiques, sociaux et culturels et autres instruments internationaux et régionaux pertinents, et [d']accorder une attention particulière à l'exécution et à la réalisation pleine et progressive de ce droit comme moyen de parvenir à la sécurité alimentaire pour tous»[3]. En novembre 2004, après deux ans de travail et de négociations à l'échelle internationale, le Conseil de la FAO a adopté par consensus les Directives volontaires à l'appui de la concrétisation progressive du droit à une alimentation adéquate dans le contexte de la sécurité alimentaire mondiale (ci-après les «Directives sur le droit à l'alimentation»).

Les Directives sur le droit à l'alimentation fournissent des orientations pratiques sur la façon de mettre en œuvre le droit à une alimentation adéquate dans un large éventail de domaines politiques et programmatiques, à l'aide d'une approche fondée sur les droits de l'homme.

Lorsque le Conseil de la FAO a adopté les Directives sur le droit à l'alimentation au moment de sa 127e session, les membres ont insisté sur leur importance et souligné la nécessité de concentrer leurs efforts sur leur application[4]. Une équipe dédiée a été créée au sein de la FAO. Elle a élaboré, au fil des ans, des outils et documents aidant les parties prenantes à mettre en œuvre les Directives tout en assurant la sensibilisation, en renforçant les capacités et en fournissant un appui spécialisé aux détenteurs d'obligations et de droits pour les aider à concrétiser progressivement le droit à une alimentation adéquate. La FAO joue encore aujourd'hui un rôle important, 15 ans après l'adoption des Directives sur le droit à l'alimentation et leur approbation ultérieure lors de la réforme du Comité de la sécurité alimentaire mondiale (CSA) en 2009, en continuant à aider les pays membres à les mettre en œuvre. Il existe de nombreuses bonnes pratiques, de multiples récits de terrain et d'innombrables processus politiques sur le droit à l'alimentation, qui témoignent clairement de l'engagement, de la sensibilisation accrue et de l'entendement concernant le rôle crucial joué par la priorisation de la concrétisation des droits de l'homme par les actions mises en œuvre à l'échelle nationale en faveur de la sécurité alimentaire et de la nutrition.

Les Directives sur le droit à l'alimentation sont un «instrument pratique fondé sur les droits de l'homme» qui «n'entraînent aucune obligation ayant force de loi»[5], et constituent donc un document volontaire qui propose des orientations politiques adaptables dans 19 domaines d'action contribuant à la concrétisation du droit à une alimentation adéquate. Elles «ont pour objet de garantir qu'une nourriture de bonne qualité est disponible en quantité suffisante, de façon à répondre aux besoins diététiques des individus, que tous y ont accès, du point de vue physique et économique, y compris les groupes vulnérables, qu'elle est exempte de substances nocives, qu'elle est acceptable du point de vue culturel et que tous ont les moyens de l'obtenir»[6]. Les Directives ont introduit un schéma directeur, qui ne cesse d'influencer, depuis 15 ans, le programme mondial de lutte contre la faim et la malnutrition et qui conserve toute sa pertinence au vu des efforts mondiaux actuellement déployés en faveur de la réalisation des ODD. L'adoption des Directives sur le droit à l'alimentation, plutôt que de marquer le point final d'un processus, semble constituer davantage une période de transition et d'évolution, incarnant l'énergie, l'élan et l'engagement qui existaient à l'époque.

INFOGRAPHIE 1. ÉTAPES MENANT À L'ADOPTION DES DIRECTIVES SUR LE DROIT À L'ALIMENTATION

1996
Sommet mondial de l'alimentation

1999
Observation générale 12

2002
Sommet mondial de l'alimentation: cinq ans après

2003-2004
Négotiations

2004
Adoption des Directives sur le droit à l'alimentation

Section 1

Brève introduction aux Directives sur le droit à l'alimentation et au droit à l'alimentation en tant que droit humain

Toutes sortes d'instruments internationaux relatifs à l'éradication de la faim et de la malnutrition et à la concrétisation progressive du droit à l'alimentation ont été élaborés et adoptés au lendemain de l'adoption des Directives sur le droit à l'alimentation, en 2004. Outre le fait qu'ils insistent tous sur l'importance du droit à une nourriture suffisante, les instruments mentionnés ci-dessous ont pour point commun le fait qu'ils aspirent explicitement à contribuer à sa concrétisation à travers une approche basée sur les droits de l'homme, complétant ainsi les orientations des Directives sur le droit à l'alimentation, ou s'inspirent en grande partie de la structure, du contenu et du processus de ces dernières.

« L'approche fondée sur les droits de l'homme requiert non seulement de viser l'objectif ultime qu'est l'éradication de la faim, mais également de proposer les moyens permettant d'atteindre cet objectif. L'application des principes sous-tendant les droits de l'homme fait partie intégrante du processus. »

DIRECTIVES SUR LE DROIT À L'ALIMENTATION, INTRODUCTION, PARAGRAPHE 19.

Chacun d'entre eux a été négocié et adopté pour donner suite aux priorités particulières déterminées par le programme mondial de développement. Ensemble, toutefois, ils prouvent la volonté de la communauté internationale de mettre en lumière l'importance de la concrétisation progressive du droit à l'alimentation, l'un des messages clés émis par les Directives sur le droit à l'alimentation.

Au cours des années qui ont suivi, les discussions se sont intensifiées sur la nécessité d'adapter le CSA aux problématiques et réalités émergentes. La réforme du Comité a par conséquent été adoptée en octobre 2009, pour en faire la «principale plateforme internationale et intergouvernementale ouverte, regroupant un large éventail de parties prenantes ayant pris l'engagement de travailler ensemble de façon coordonnée» pour bâtir un «monde libéré de la faim dans lequel les pays mettent en œuvre les [Directives sur le droit à l'alimentation]»[7]. Peu de temps après, les négociations entre les membres ont entraîné l'élaboration et l'adoption du document directeur relatif au travail et aux priorités du CSA réformé, le Cadre stratégique mondial pour la sécurité alimentaire et la nutrition. Le Cadre stratégique mondial est un «document unique et en évolution constante [...] approuvé chaque année par le CSA en réunion plénière», qui souligne la cohérence des politiques, propose des orientations et vise à compléter et à assurer une certaine harmonisation avec un ensemble de cadres mondiaux clés, dont les Directives sur le droit à l'alimentation[8].

L'adoption des Directives sur le droit à l'alimentation en 2004 et la réforme du CSA en 2009 ont entraîné un renouveau de l'engagement en faveur du rôle du CSA dans le pilotage du programme mondial d'éradication de la faim et de la malnutrition, tout en assurant l'engagement sous-jacent en faveur de la mise en œuvre de cet instrument volontaire et non contraignant de défense des droits de l'homme.

Les Directives volontaires pour une gouvernance responsable des régimes fonciers applicables aux terres, aux pêches et aux forêts dans le contexte de la sécurité alimentaire nationale (VGGT) ont été validées par le CSA en 2012, après une série de négociations entamées quelques années auparavant. Elles développent et approfondissent certaines dispositions clés des Directives sur le droit à l'alimentation, en particulier la Directive 8. Soulignant l'influence exercée sur elles par les Directives, elles érigent de nombreux principes des droits de l'homme au rang de leurs principes de mise en œuvre. Leur objectif général est, quant à lui, d'«améliorer la gouvernance foncière des terres, des pêches et des forêts, au profit de tous, en accordant une attention particulière aux populations vulnérables et marginalisées. Elles visent à faire de la sécurité alimentaire une réalité [et] à réaliser progressivement le droit à une alimentation adéquate [...]»[9].

En 2014, compte tenu du rôle central joué par les investissements responsables dans la concrétisation du droit universel à l'alimentation, le CSA approuvait les Principes pour un investissement responsable dans l'agriculture et les systèmes alimentaires. Ces Principes, qui se fondent, entre autres, sur les Directives sur le droit à l'alimentation adoptées 10 ans plus tôt, tout en développant certains de ses éléments directeurs, poursuivent l'objectif suivant: «promouvoir des investissements responsables dans l'agriculture et les systèmes alimentaires qui contribuent à la sécurité alimentaire et à la nutrition, et qui favorisent donc la réalisation progressive du droit à une alimentation adéquate»[10].

Parallèlement à cela, toujours en 2014, le Comité des pêches a dirigé le processus qui a débouché sur l'adoption des Directives volontaires visant à assurer la durabilité de la pêche artisanale dans le contexte de la sécurité alimentaire et de l'éradication de la pauvreté. Ces Directives sont fondées sur les normes internationales des droits de l'homme, font une «place particulière aux groupes vulnérables ou marginalisés et à la nécessité de favoriser la concrétisation progressive du droit à une alimentation adéquate», tout en visant explicitement à «améliorer la contribution de la pêche artisanale à la sécurité alimentaire et à la nutrition et favoriser la concrétisation progressive du droit à une alimentation adéquate»[11].

En octobre 2015, un autre processus pluriannuel a abouti à l'adoption d'un cadre directeur mondial – le Cadre d'action pour la sécurité alimentaire et la nutrition lors des crises prolongées du CSA (CSA-CDA). Parmi ses nombreuses corrélations avec les Directives sur le droit à l'alimentation, le Cadre d'action poursuit l'objectif général d'« améliorer la sécurité alimentaire et la nutrition des populations exposées à un risque de crise prolongée ou déjà touchées par une telle crise, en s'attaquant aux causes profondes du problème et en contribuant ainsi à la concrétisation progressive du droit à une alimentation adéquate », tout en ayant « pour objet de renforcer la cohérence des politiques dans le sens de la concrétisation progressive du droit à une alimentation adéquate »[12].

Enfin, le CSA dirige actuellement le processus de rédaction des Directives volontaires sur les systèmes alimentaires et la nutrition, dont l'adoption devrait être débattue et négociée au cours des mois à venir, et qui devraient renforcer encore un certain nombre de dispositions des Directives sur le droit à l'alimentation adoptées il y a 15 ans, notamment pour contribuer de façon notable à la concrétisation du droit à une alimentation adéquate[13].

Une Manifestation thématique mondiale consacrée aux Directives sur le droit à l'alimentation a eu lieu lors de la 45e session du CSA en octobre 2018, soulignant l'importance de cet instrument pour le CSA, ses membres, et le programme mondial d'éradication de la faim et de la malnutrition[14]. Des expériences de différentes parties du monde ont été partagées et des discussions ont été tenues entre les parties prenantes lors de cette manifestation, de façon à contribuer au suivi des progrès réalisés dans la mise en œuvre des Directives sur le droit à l'alimentation. Par ailleurs, 56 expériences, présentées dans le document officiel CFS 2018/45/Inf.19[15], ont été reçues au cours des semaines précédant la manifestation, rappelant l'existence à la fois de processus nationaux et régionaux et de manifestations faisant le point sur la mise en œuvre des Directives. Le CSA traitera des difficultés de la réalisation des ODD lors de sa session plénière en octobre 2019.

INFOGRAPHIE 2. INSTRUMENTS DE POLITIQUE GLOBAUX BASÉS SUR LES DIRECTIVES SUR LE DROIT À L'ALIMENTATION

2009 Réforme du CSA

2012 Directives volontaires pour une gouvernance responsable des régimes fonciers applicables aux terres, aux pêches et aux forêts dans le contexte de la sécurité alimentaire nationale (VGGT)

2014 Directives volontaires visant à assurer la durabilité de la pêche artisanale dans le contexte de la sécurité alimentaire et de l'éradication de la pauvreté

2014 Principes pour un investissement responsable dans l'agriculture et les systèmes alimentaires

2015 Cadre d'action pour la sécurité alimentaire et la nutrition lors des crises prolongées du CSA (CSA-CDA)

2019 2020 Processus de redaction des Directives volontaires sur les systèmes alimentaires et la nutrition

OBJECTIFS DE DÉVELOPPEMENT DURABLE

Elle abordera en particulier l'ODD 2 et offrira un espace de réflexion sur les conséquences de ces défis sur le droit à l'alimentation.

Si les Directives sur le droit à l'alimentation ont eu un impact considérable sur le travail du CSA et sur la définition de certains de ses principaux domaines d'action, elles ont également contribué à accroître l'élan vers la concrétisation du droit à l'alimentation dans d'autres forums mondiaux.

La Déclaration adoptée à l'issue du Sommet mondial sur la sécurité alimentaire de 2009 insiste, entre autres, sur l'engagement de la communauté mondiale à « accélérer [ensemble] l'adoption de mesures de nature à inverser cette tendance [le nombre préoccupant de victimes de la faim et de la pauvreté] et à mettre le monde sur la bonne voie pour procéder à la concrétisation progressive du droit à une alimentation adéquate », et appelle, dans son Principe 3, à l'adoption d'une double approche pour garantir immédiatement l'éradication de la faim tout en assurant la concrétisation progressive du droit à une alimentation adéquate[16]. Quelques années plus tard, les Directives sur le droit à l'alimentation ont été réaffirmées et mises en relief dans les documents finaux de la Deuxième Conférence internationale sur la nutrition (ICN2) de 2014, et notamment dans la Déclaration de Rome sur la nutrition qui rappelle et souligne à plusieurs reprises le droit international et universel à une alimentation adéquate[17]. Pendant ce temps, les organisations de la société civile (OSC) ont adopté en 2013 la Déclaration de Vienne+20 qui réaffirme la primauté des droits de l'homme et concoure à la contribution fondamentale de la société civile via l'Observatoire annuel du Droit à l'alimentation et à la nutrition[18]. Ce document est essentiel aux efforts de suivi de la mise en œuvre du droit à une alimentation adéquate et consacre une section à l'alimentation et à la nutrition qui souligne les éléments essentiels à la concrétisation du droit à une alimentation adéquate de tous, y compris certains groupes particuliers[19].

Un autre domaine dans lequel les Directives sur le droit à l'alimentation ont eu une influence visible est l'élaboration des objectifs de développement durable, et notamment l'adoption de la Résolution A/66/L.56 – « L'avenir que nous voulons », qui réaffirme l'importance de tous les droits de l'homme – et plus particulièrement du droit à l'alimentation – comme piliers du développement durable.

ENCADRÉ 1. LE FORUM DES DROITS DE L'HOMME SUD-SUD

Organisé à Beijing en décembre 2017, le premier Forum des droits de l'homme Sud-Sud comptait sur la participation de plus de 300 représentants de plus de 70 pays et organisations internationales. Des représentants des quatre coins du monde ont activement participé aux débats sur les questions de développement et de droits humains pendant ces deux jours, notamment à l'occasion d'un après-midi consacré à la réduction de la pauvreté et à la protection du droit à l'alimentation. Comme l'indique la Déclaration de Beijing, adoptée à la fin du Forum, les participants ont insisté sur « l'unité de l'universalité et de la particularité des droits de l'homme, mis en lumière la coopération pour le développement, fait la promotion des droits de l'homme via le développement et appelé à la création d'une communauté pour un avenir commun, qui jouerait un rôle important dans le développement des droits de l'homme, à la fois dans les pays en développement et à l'échelle de la planète ». Par ailleurs, l'article 3 de la Déclaration de Beijing, axé sur l'humanité, invite à prêter une « attention particulière à la protection des droits à la subsistance et au développement, notamment pour assurer l'accès à un niveau de vie décent, à une alimentation adéquate, à l'habillement et à une eau potable et salubre, du droit à l'hébergement, des droits à la sécurité, au travail et à l'éducation, et du droit à la santé et à la sécurité sociale », avant d'ajouter que « la communauté internationale doit s'attacher en tout premier lieu à éradiquer la pauvreté et la faim, à résoudre les problèmes de développement insuffisant et non durable et à créer des conditions plus favorables à la concrétisation du droit des personnes au développement, en particulier dans les pays en développement »[1].

ENCADRÉ 2. MANIFESTATIONS, CAMPAGNES ET DÉCLARATIONS INTERNATIONALES

À l'échelle mondiale, de nombreuses manifestations, campagnes et déclarations ont fourni et fourniront des occasions rêvées de sensibiliser davantage au rôle joué par la concrétisation du droit à une alimentation adéquate dans l'atteinte des ODD.

Tout d'abord, les Décennies des Nations Unies offrent un contexte et un ensemble d'activités pouvant être propices à la concrétisation du droit à une alimentation adéquate. C'est particulièrement vrai concernant trois Décennies actuelles, la Décennie d'action des Nations Unies pour la nutrition 2016-2025, la Décennie internationale des personnes d'ascendance africaine 2015-2024 et la Décennie des Nations Unies pour l'agriculture familiale 2019-2028. Outre ces décennies, plusieurs Années internationales à venir peuvent offrir un espace privilégié aux efforts de plaidoyer, y compris l'Année internationale de la pêche et de l'aquaculture artisanales, qui sera célébrée en 2022. Le cas de la Décennie des Nations Unies pour l'agriculture familiale 2019-2028 est particulièrement instructif, puisqu'elle est le fruit de nombreuses collaborations et efforts de différents acteurs et réseaux qui ont connu une croissance considérable depuis l'Année internationale de l'agriculture familiale en 2014. De plus, la Conférence de la FAO a récemment proposé que l'Année internationale des fruits et légumes soit célébrée en 2021[1] et que le 29 septembre devienne la Journée internationale de sensibilisation aux pertes et gaspillages de nourriture[2]. Bien entendu, les années internationales et décennies des Nations Unies susmentionnées viennent s'ajouter à la Journée mondiale de l'alimentation[3], qui offre chaque année l'occasion de sensibiliser à des problématiques connexes, telles que, cette année, une alimentation saine pour un monde faim zéro.

En 2007, la Déclaration des Nations Unies sur les droits des peuples autochtones (UNDRIP)[4] adoptée par l'Assemblée générale des Nations Unies a confirmé l'importance du développement autodéterminé pour les peuples autochtones. Elle a marqué une avancée par rapport à la consultation préalable, libre et éclairée définie par la Convention no 169 de l'Organisation internationale du Travail relative aux peuples indigènes et tribaux, en la transformant en véritable consentement. Le consentement ou l'absence de consentement des communautés autochtones concernant les décisions touchant leurs vies, leurs terres et donc leur capacité à assurer leur droit à l'alimentation est un point essentiel. Plus de 140 pays ont signé l'UNDRIP, contre 22 pays ayant ratifié la Convention no 169 de l'Organisation internationale du travail (OIT), juridiquement contraignante.

Enfin, les déclarations internationales comme la Déclaration sur le droit au développement peuvent également renforcer et reconnaître davantage les liens entre les droits humains et, conformément à la Charte des Nations Unies (article 1 (2)), souligner la pertinence des Directives sur le droit à l'alimentation pour orienter la concrétisation progressive du droit à l'alimentation dans le contexte de la sécurité alimentaire nationale. Par exemple, selon la Déclaration sur le droit au développement, il faut « procéder à des réformes économiques et sociales appropriées en vue d'éliminer toutes les injustices sociales » (article 8). Ainsi, la Déclaration appelle à des réformes de la gouvernance, y compris dans le secteur financier, fondées sur une compréhension claire des liens entre, d'une part, la jouissance des droits de l'homme comme condition préalable à la paix et à la sécurité, et, d'autre part, les politiques publiques sur des problématiques telles que la réforme des règlements financiers, la fiscalité, le budget et la réponse aux crises financières. Ces réformes doivent promouvoir un environnement international propice au développement grâce à une meilleure responsabilité et à une bonne gouvernance des institutions financières, une régulation efficace, la transparence et la participation. Pour faire avancer cet objectif, il serait envisageable de recourir à l'approche fondée sur les droits de l'homme[5].

La Résolution souligne l'engagement mondial « concernant le droit de chaque être humain d'avoir accès à des aliments sains et nutritifs en quantité suffisante, conformément au droit à une alimentation adéquate et au droit fondamental de chacun d'être à l'abri de la faim »[20]. L'adoption, en septembre 2015, du Programme de développement durable à l'horizon 2030 à travers la Résolution A/70/L.1[21] définit un cadre d'action mondial pour les politiques visant à lutter contre les principaux défis de notre ère pour les 15 ans à venir, et les Directives sur le droit à l'alimentation – et les documents d'orientation susmentionnés adoptés par la suite – offrent des orientations pratiques et concrètes sur les solutions pouvant permettre d'avancer vers la réalisation des 17 ODD et leurs cibles. La contribution des Directives peut avant tout être cruciale pour atteindre les cibles de l'ODD 2 – Éliminer la faim, assurer la sécurité alimentaire, améliorer la nutrition et promouvoir l'agriculture durable, aussi connu sous le nom d'objectif Faim zéro.

La liste de documents mondiaux ayant été dans une certaine mesure touchés ou inspirés par les Directives sur le droit à l'alimentation est beaucoup plus longue, en particulier si on y ajoute les documents régionaux et infrarégionaux qui en reflètent les principes. Toutefois les instruments et documents internationaux susmentionnés offrent tous l'occasion d'atteindre certains des objectifs clés contenus dans les Directives, en commençant bien entendu par la concrétisation progressive du droit à l'alimentation. ■

©FAO/Rural Damascus/Hasan Bilal

Section 2

Mise en œuvre des Directives sur le droit à l'alimentation: bonnes pratiques et enseignements

Depuis l'adoption des Directives sur le droit à l'alimentation, les parties prenantes, et en particulier les États, enregistrent des progrès rapides sur les plans de l'élaboration, de l'adoption, de la mise en œuvre et du suivi des actions et processus de concrétisation du droit à une alimentation adéquate. Un grand nombre d'expériences du monde entier prêtant davantage attention à la phase de conception qu'à celle de mise en œuvre seront exposées ci-après, de façon à présenter les principaux aspects des mesures législatives, politiques et institutionnelles, ainsi que les actions de suivi, déployées ces 15 dernières années. Outre cet échantillon de bonnes pratiques et de pratiques innovantes présentant les différentes stratégies à adopter et les différents contextes dans lesquels prendre des mesures importantes pour assurer la concrétisation du droit à une alimentation adéquate, les leçons apprises portant sur les aspects principaux de chaque partie – mesures législatives, politiques et institutionnelles – seront proposées.

Mesures législatives

Si les Directives sur le droit à l'alimentation sont un document volontaire et non contraignant sur le plan juridique, elles trouvent leur fondement dans le droit international, comme l'indique leur introduction. Certaines d'entre elles développent donc certains éléments relevant d'autres instruments internationaux clés. La Directive 7, par exemple, invite les États à adopter des mesures législatives pour contribuer davantage à la concrétisation progressive du droit à une alimentation adéquate, faisant ainsi écho à l'obligation juridique générale de l'article 2, paragr. 1, du PIDESC. Les Directives appuient le renforcement des cadres juridiques et de redevabilité tels que les « mécanismes administratifs, judiciaires et d'ordre juridictionnel, qui offrent des voies de recours adéquates, efficaces et rapides, en particulier aux groupes vulnérables »[22].

En partant de ces éléments directeurs, plusieurs stratégies peuvent être adoptées pour assurer la prise de mesures législatives, notamment l'intégration du droit à une alimentation adéquate dans les constitutions nationales; l'adoption d'une loi-cadre sur le droit à une alimentation adéquate; ou la garantie de la cohérence des lois sectorielles.

Conformément aux orientations fournies dans les Directives sur le droit à l'alimentation, et notamment la Directive 7, plusieurs États ont pris des mesures législatives concrètes pour assurer la concrétisation progressive du droit à une alimentation adéquate. Un ensemble de mesures prises et de processus menés dans différents contextes et à l'aide de différentes méthodes seront présentés ci-après. Ces mesures, qui ne constituent aucunement une liste exhaustive mais donnent plutôt un aperçu des bonnes pratiques qu'il est possible de mettre en œuvre, ont été prises depuis l'adoption des Directives en 2004.

Constitutions

L'inscription du droit à une alimentation adéquate dans la constitution offre le degré de protection juridique le plus élevé et constitue une affirmation forte en faveur de la garantie du droit des citoyens du pays concerné à une alimentation adéquate. Elle peut se concrétiser de différentes façons, par exemple par l'introduction d'amendements à la constitution – comme l'a fait le **Brésil** en 2010[23] – ou l'adoption d'une nouvelle constitution, comme en **Égypte** en 2014[24]. La reconnaissance du droit à une alimentation adéquate par la constitution peut également se concrétiser de nombreuses autres façons.

La méthode la plus directe consiste à fournir une protection explicite du droit de toute la population ou de groupes particuliers, tels que les enfants, à une alimentation adéquate ou du droit d'être à l'abri de la faim. Cette protection a récemment été intégrée à la nouvelle Constitution de **Cuba**, qui garantit dans son article 77 que « chaque personne a droit à une alimentation saine et suffisante »[25]. Le **Népal** a promulgué sa nouvelle Constitution en 2015, qui dispose explicitement dans son article 36 que « chaque citoyen jouit d'un droit à l'alimentation »[26]. Au **Zimbabwe**, la Constitution de 2013 garantit que « chaque personne a droit à une alimentation suffisante » dans son article 77, tandis que l'article 81 traite du droit à la nutrition de chaque enfant[27]. L'article 4 de la Constitution du **Mexique** reconnaît le droit à une alimentation nutritive, suffisante et de qualité pour tous[28]. L'article 36 de la Constitution de **Fidji** prévoit le « droit pour chaque personne d'être libérée de la faim et d'avoir une alimentation adéquate de qualité satisfaisante »[29], et l'article 23 de la Constitution des **Maldives** sprévoit le droit de chaque citoyen à une « alimentation adéquate et nutritive»[30].

Une autre approche consiste à protéger le droit à une alimentation adéquate de façon implicite, en s'appuyant sur des droits plus généraux. En règle générale, ces droits, considérés comme intégrant le droit à une alimentation adéquate ou étant fondamentaux pour sa concrétisation, englobent des droits tels que le droit à un niveau de vie suffisant; le droit au bien-être; le droit à des moyens nécessaires pour vivre une vie digne; le droit au développement; ou encore le droit à un niveau de vie supérieur au niveau de subsistance. Par exemple, si l'article 13 de la Constitution de l'**Équateur** offre une garantie explicite au droit à l'alimentation, son article 32 garantit le droit à la santé, « dont la concrétisation est corrélée à la jouissance d'autres droits, tels que le droit à l'alimentation »[31]. Dans l´ **État plurinational de Bolivie,** l'article 16 de la Constitution garantit explicitement le droit à l'alimentation, tandis que son article 46 prévoit le droit de toute personne à un travail digne lui garantissant un « salaire juste, équitable et satisfaisant qui lui assure, ainsi qu'à sa famille, une vie digne »[32]. De même, l'article 62 de la Constitution de la **République dominicaine** garantit le droit de chaque travailleur à un « salaire juste et suffisant lui permettant de vivre une vie digne et de satisfaire à ses besoins matériels, sociaux et intellectuels de base, ainsi qu'aux besoins de sa famille », complétant ainsi la reconnaissance explicite du droit à l'alimentation de l'article 57[33].

Une autre façon d'entériner la réalisation du droit à une alimentation adéquate consiste à adopter des principes directeurs de la politique d'État. Considérées comme ne pouvant être rendues directement exécutoires par les juridictions, ces dispositions peuvent directement ou implicitement placer le droit à une alimentation adéquate au rang des objectifs majeurs de l'État. La Constitution de 2010 du **Kenya** fournit un exemple exhaustif de principes directeurs de la politique d'État. Elle prévoit, dans son article 21, que « l'État et les organes de l'État ont le devoir fondamental d'observer, de respecter, de protéger, de promouvoir et de faire respecter les droits et libertés fondamentales visés par la Déclaration des droits » et que l'État « prendra toutes les mesures législatives, politiques et de toute autre nature nécessaires, y compris la définition de normes, pour assurer la réalisation progressive des droits garantis par l'article 43 », à savoir le droit de chacun « d'être libre de la faim et d'avoir une nourriture suffisante et de qualité acceptable »[34]. L'article 110 de la Constitution du **Panama** constitue un autre exemple: il mentionne la responsabilité fondamentale de l'État d'« élaborer une politique nationale sur l'alimentation et la nutrition offrant un état nutritionnel optimal à toute la population », qui vient compléter la protection explicite figurant à l'article 56.2[35].

La quatrième solution repose sur la place occupée par les obligations internationales dans l'ordre législatif national. L'applicabilité directe des instruments internationaux à l'échelle nationale, la reconnaissance de la valeur constitutionnelle des engagements internationaux, ou encore la primauté des obligations internationales par rapport aux lois nationales, sont autant de moyens importants prévus par les constitutions pour renforcer la protection du droit à une alimentation adéquate à l'échelle nationale. Cette solution a été utilisée par les Constitutions de la **République démocratique du Congo** et du **Niger**, qui, outre les garanties explicites protégeant le droit à une alimentation adéquate, indiquent respectivement dans leurs articles 215[36] et 171[37] que les traités et accords internationaux ont une autorité supérieure à celle des lois nationales.

Lois nationales

Si les constitutions offrent au droit à une alimentation adéquate les garanties juridiques les plus élevées, l'intégration de ce droit à la législation, et en particulier aux lois-cadres, permet de préciser la notion et contribue à la rendre opérationnelle dans la pratique. Par ailleurs, l'adoption et la révision des lois sectorielles pertinentes constituent une autre manière importante d'assurer l'efficacité du processus de concrétisation progressive du droit à une alimentation adéquate.

Depuis l'adoption des Directives sur le droit à l'alimentation en 2004, plusieurs États ont pris des mesures pour intégrer le droit à une alimentation adéquate dans leur législation nationale, en adoptant des lois-cadres ou en garantissant la cohérence de lois sectorielles clés. Un échantillon des efforts déployés ces dernières années est présenté ci-dessous.

Lois-cadres

Compte tenu de la nature multidimensionnelle et transsectorielle du droit à une alimentation adéquate, les lois-cadres donnent des précisions sur ses principes généraux et assignent des responsabilités aux différentes parties tout en assurant l'orientation et la coordination entre les parties prenantes. Elles peuvent par ailleurs indiquer la portée et le contenu du droit à une alimentation adéquate, énoncer les obligations des autorités publiques et les responsabilités des acteurs privés, mettre en place les mécanismes institutionnels nécessaires, prévoir les motifs ouvrant droit à réparation et établir une base juridique pour la législation subsidiaire et les autres mesures nécessaires[38].

Les lois-cadres tirent également parti des approches multipartites, telles que mises en lumière par les Directives sur le droit à l'alimentation. Ces approches sous-tendent les intérêts et préoccupations relatifs à la concrétisation du droit à une alimentation adéquate. De plus, les lois-cadres permettent d'améliorer la cohérence des politiques et peuvent garantir que le droit à une alimentation adéquate soit au cœur des stratégies nationales de développement[39]. Différentes approches ont été adoptées par différents pays, et quelques expériences innovantes sont présentées ci-dessous.

La **République dominicaine** a adopté une loi sur la sécurité et la souveraineté alimentaires et nutritionnelles en 2016. Celle-ci fournit une définition détaillée du droit à une alimentation adéquate et fixe le cadre institutionnel nécessaire à l'élaboration et à la rédaction des politiques de sécurité et de souveraineté alimentaires et nutritionnelles en tant qu'instruments assurant le respect, la protection et l'exercice du droit à une alimentation adéquate pour tous sans distinction aucune, conformément aux principes des droits de l'homme[40]. Au **Cabo Verde**, la loi no 37/IX/2018 a été adoptée en 2018 pour définir et garantir le droit à une alimentation adéquate pour tous, tout en établissant les principes, normes et procédures permettant de garantir sa mise en œuvre effective et de guider la mise en œuvre de la politique nationale de sécurité alimentaire et nutritionnelle[41].

Si la plupart des avancées ont eu lieu à l'échelle nationale, des pratiques innovantes ont également vu le jour au niveau infranational et régional. Par exemple, la loi relative à la sécurité alimentaire et à la nutrition adoptée en 2011 à **Zanzibar** en **République-Unie de Tanzanie,** définit les obligations des autorités en matière de concrétisation du droit de tous, sans discrimination aucune, à une alimentation adéquate, tout en fixant la structure institutionnelle nécessaire à sa mise en œuvre, qui prendra la forme d'un Conseil national de sécurité alimentaire et de nutrition[42]. À l'échelle régionale, le **Parlement d'Amérique latine (PARLATINO)** a adopté une loi-cadre régionale sur le droit à l'alimentation, à la sécurité alimentaire et à la souveraineté alimentaire, qui fournit des orientations aux États sur l'intégration d'une approche fondée sur les droits de l'homme aux cadres juridiques nationaux. Cette loi-cadre régionale s'attache à garantir le plein exercice du droit à une alimentation adéquate grâce à la création d'un cadre juridique de référence relatif à l'élaboration de politiques et stratégies nationales sur ce droit[43].

Lois sectorielles

La concrétisation du droit à une alimentation adéquate résultant de mesures favorables dans différents domaines sectoriels, le fait de garantir la cohérence des lois sectorielles avec le droit à une alimentation adéquate accroît l'efficacité des efforts et réduit les actions contradictoires. De nombreux domaines sectoriels sont centraux, notamment ceux relatifs aux moyens de subsistance et aux ressources (Directive 8 sur le droit à l'alimentation, sur la main-d'œuvre [8A], les terres [8B] et l'eau [8C]), à la protection sociale (Directive 14 sur le droit à l'alimentation) et au commerce (Directives sur le droit à l'alimentation, section III), pour n'en nommer que quelques-uns.

*8.1 **Il convient que les États favorisent un accès durable, non discriminatoire et garanti aux ressources et la possibilité de les exploiter, conformément à la législation nationale et au droit international, et protègent les moyens de production grâce auxquels les populations assurent leur subsistance. Il convient que les États respectent et protègent les droits des particuliers concernant des ressources telles que la terre, l'eau, les forêts, les pêches et le bétail et ce, sans aucune discrimination. Le cas échéant, il convient que les États mettent en œuvre, dans le respect de leurs obligations en matière de droits de l'homme et des principes du droit, des réformes foncières et autres politiques de réforme, en vue de garantir un accès rationnel et équitable à la terre et de renforcer la croissance au bénéfice des populations démunies. Il convient de prêter une attention particulière à certains groupes de population, comme les éleveurs itinérants et les peuples autochtones, et aux rapports qu'ils entretiennent avec les ressources naturelles.***

*8.2 **Il convient que les États prennent des mesures pour que les membres des groupes vulnérables puissent avoir la possibilité et les moyens économiques leur permettant de contribuer à l'économie sans restriction et en toute égalité.***

*8.3 **Il convient que les États prêtent une attention particulière aux problèmes d'accès spécifiques des femmes et des groupes vulnérables, marginalisés et traditionnellement défavorisés, y compris de toutes les personnes souffrant du VIH/SIDA. Il convient que les États prennent des mesures pour protéger toutes les personnes souffrant du VIH/SIDA, afin qu'elles ne perdent pas leur accès aux ressources et aux moyens de production.***

**DIRECTIVE 8 SUR LE DROIT À L'ALIMENTATION
ACCÈS AUX RESSOURCES ET AUX MOYENS DE PRODUCTION**

S'il n'est pas possible de citer toutes les mesures prises par les pays portant sur un ou plusieurs des domaines sectoriels susmentionnés, nous pouvons toutefois présenter quelques exemples représentatifs. En **Inde**, par exemple, la loi nationale sur la sécurité alimentaire de 2013 a créé des droits à une aide alimentaire et mis en place des mécanismes de réclamation, deux éléments essentiels à la réalisation du droit à une alimentation adéquate[44]. Une autre tendance observée est l'adoption de textes législatifs sur l'alimentation scolaire basés sur une approche fondée sur les droits de l'homme, qui s'avère essentielle pour la concrétisation non seulement du droit des enfants à une alimentation adéquate, mais également de leur droit à la santé et à l'éducation. Citons l'exemple du **Pérou**, dont la loi no 30021 de 2013 vise à promouvoir l'accès des enfants et des adolescents à une nourriture saine en réglementant des domaines tels que la publicité et les aliments disponibles dans les écoles, en encourageant l'éducation nutritionnelle et l'activité sportive, et en créant une institution de contrôle ayant pour mission de collecter et d'analyser les données pertinentes sur leur état nutritionnel[45]. Plusieurs autres pays ont adopté des mesures concrètes de lutte contre la question urgente des pertes et gaspillages alimentaires[46], comme la **France**[47] et l'**Italie**[48], qui ont pris des mesures décisives en adoptant des lois spécifiques. Le **Monténégro**, où la loi sur la sécurité alimentaire traite principalement de la salubrité alimentaire et de la protection des consommateurs tout en reconnaissant le droit de chaque personne d'avoir un accès garanti à une nourriture saine et salubre, illustre encore un autre domaine[49].

Processus actuels

Comme on l'a vu, d'importantes évolutions ont eu lieu ces dernières années. Les processus aboutissant à l'amendement d'une constitution ou à l'adoption d'une loi-cadre sur le droit à une alimentation adéquate peuvent toutefois s'avérer très longs. La nature inclusive et participative de ces processus s'étalant parfois sur plusieurs années peut à son tour améliorer leur efficacité et leur durabilité. Ainsi, une procédure d'inscription du droit à une alimentation adéquate dans la constitution est en cours au **Burkina Faso,** tandis que le **Costa Rica** et l'**Uruguay** prennent actuellement des mesures pour adopter une loi-cadre sur le droit à une alimentation adéquate. Par ailleurs, la reprise, après une longue interruption, de processus ayant duré plusieurs années sans avoir produit le résultat souhaité est tout à fait envisageable, comme

ENCADRÉ 3. NÉPAL: UN ENVIRONNEMENT PROPICE À LA RÉALISATION DU DROIT UNIVERSEL À L'ALIMENTATION

Les mesures prises au Népal montrent l'importance d'un environnement propice permettant à l'engagement politique et social de prospérer et aux capacités techniques des autorités et parties prenantes pertinentes en matière de droit à une alimentation adéquate de se former au fil du temps à tous les niveaux, en dépit d'un contexte politique volatil.

Le Népal s'est engagé à reconnaître le statut de droit fondamental du droit à l'alimentation dans sa Constitution provisoire de 2007. Sa Cour suprême a été l'une des premières juridictions nationales, en avril 2011, à se prononcer activement sur le droit à l'alimentation et à prévoir des voies de recours en la matière1. Le pays a également maintenu les engagements pris au titre de l'examen périodique universel effectué par le Conseil des droits de l'homme des Nations Unies en 2011. Un long processus de rédaction constitutionnelle a offert une opportunité historique de renforcer davantage la protection du droit à une alimentation adéquate, consacré en 2015 par l'article 36 et d'autres dispositions connexes de la nouvelle Constitution nationale.

En 2013, trois instruments politiques contenaient des recommandations pour une loi future sur le droit à l'alimentation, créant ainsi la base pour cette demande qui a été remplie: la Stratégie de développement agricole sur 20 ans, le Plan d'action du Népal en matière de sécurité alimentaire et nutritionnelle ainsi que le 13e Plan (2013/2014 à 2015/2016) de la Commission nationale de planification. Par ailleurs, en 2014, le Bureau du Premier ministre et le Conseil des ministres ont tous deux placé le droit à l'alimentation au rang des objectifs du plan d'action national en matière de droits de l'homme. Enfin, le défi « Faim Zéro » à l'horizon 2025, dont la vision décrit explicitement le droit à l'alimentation, a été formellement lancée lors d'une visite du Directeur général de la FAO au Népal en mars 2016.

Un nombre considérable de processus politiques pertinents ont amélioré le cadre pour la protection, le respect et la concrétisation de ce droit humain fondamental: un Cadre de suivi harmonisé du droit à l'alimentation, rassemblant des institutions gouvernementales, la Commission nationale des droits de l'homme (CNDH), des comités parlementaires, des OSC et la FAO, officiellement approuvé et adopté par la CNDH et lancé à Katmandou par le Premier ministre lui-même en 2016; la première politique de sécurité alimentaire du pays, qui repose solidement sur les principes des droits de l'homme, rédigée, finalisée et, en date de décembre 2017, en instance d'approbation; et enfin, la loi de 2018 sur le droit à l'alimentation et la souveraineté alimentaire entrée en vigueur en septembre 2018.

Malgré toutes ces avancées, il reste encore beaucoup à faire pour assurer la mise en œuvre de la nouvelle Constitution, ainsi que des règles et réglementations récemment promulguées et entrées en vigueur. Des ressources concrètes doivent être affectées à cette fin pour poursuivre l'ouverture généralisée affichée par le pays, ainsi que l'implication de nombreux acteurs et secteurs et la répartition, entre diverses institutions, des responsabilités relatives au respect, à la protection et à la réalisation de ce droit.

ce sera probablement le cas en **Ouganda,** avec la loi-cadre sur le droit à une alimentation adéquate.

Mesures politiques

Si les lois, comme nous l'avons vu plus haut, permettent de cristalliser le droit universel à une alimentation adéquate de façon à être mieux armés face à l'évolution des contextes politiques, les mesures politiques permettent quant à elles de contribuer efficacement à sa concrétisation.

« Afin de garantir la concrétisation progressive du droit à une alimentation adéquate dans le contexte de la sécurité alimentaire nationale, il convient que les États assurent la promotion d'un développement économique à large base qui soutienne leurs politiques de sécurité alimentaire. Il convient que les États établissent, en ce qui concerne les politiques, des objectifs et des repères concernant les besoins de la population en matière de sécurité alimentaire. »

DIRECTIVE 2.1 SUR LE DROIT À L'ALIMENTATION

INFOGRAPHIE 3. LÉGIFÉRER POUR LE DROIT À L'ALIMENTATION: DES LOIS-CADRES AUX LOIS SECTORIELLES

LOIS SUR LA SÉCURITÉ ALIMENTAIRE ET LA NUTRITION

- Guatemala, 2005
- Parlement de l'Amérique latine et des Caraïbes, 2011
- Inde, 2013
- Cabo Verde, 2018

LOIS SECTORIELLES

Lois sur l'alimentation scolaire

- Brésil, 2009
- Parlement de l'Amérique latine et des Caraïbes, 2013
- Cabo Verde, 2015
- Inde, 2015
- Bulgarie, 2016

Lois sur l'agriculture familiale

- Argentine, 2015
- Parlement de l'Amérique latine et des Caraïbes, 2016
- Burkina Faso, 2018
- Philippines, 2018

Lois sur l'étiquetage et la commercialisation

- Chili, 2015
- Thaïlande, 2017
- Nigeria, 2019

Lois sur les pertes et le gaspillage alimentaires

- France, 2016
- Italie, 2016
- République dominicaine, 2016
- Japon, 2019

En leur qualité de document d'orientation politique, les Directives sur le droit à l'alimentation proposent aux responsables politiques différentes mesures pour rédiger, adopter, mettre en œuvre et suivre efficacement les politiques et stratégies et assurer ainsi la concrétisation progressive du droit à une alimentation adéquate. Les processus politiques jouent eux-mêmes un rôle central et peuvent présenter des spécificités plus favorables à la concrétisation du droit à une alimentation adéquate. Si les phases de formulation, de mise en œuvre et de suivi sont essentielles et produisent un impact déterminant sur la concrétisation effective du droit à une alimentation adéquate, les progrès affichés depuis l'adoption des Directives sur le droit à l'alimentation seront principalement communiqués à partir de la phase de conception de politiques.

« Il convient, selon les besoins et en consultation avec les parties prenantes et conformément à leur législation nationale, que les États envisagent d'adopter une stratégie nationale fondée sur les droits de l'homme, aux fins de la concrétisation progressive du droit à une alimentation adéquate dans le contexte de la sécurité alimentaire nationale en les intégrant dans des stratégies nationales de développement transcendant toutes les autres, notamment des stratégies de lutte contre la pauvreté, le cas échéant. »

DIRECTIVE 3.1 SUR LE DROIT À L'ALIMENTATION

Comme l'indique la Directive 2.2, dès sa **conception**, une politique favorable à la concrétisation du droit à une alimentation adéquate se fonde sur une évaluation approfondie, « en consultation avec les parties prenantes, [de] la situation socioéconomique, y compris le degré d'insécurité alimentaire et ses causes, la situation en matière de nutrition et la sécurité sanitaire des aliments»[50].

«Ces stratégies peuvent comporter des buts, des objectifs chiffrés, des points de repère, un calendrier et des activités visant à formuler des politiques, à recenser et à mobiliser les ressources, à définir des mécanismes institutionnels, à assigner les responsabilités, à coordonner les activités des différents intervenants et à mettre en place des mécanismes de contrôle. Le cas échéant, ces stratégies peuvent traiter de tous les aspects du système alimentaire, y compris la production, la transformation, la distribution, la commercialisation et la consommation d'aliments sûrs. Elles peuvent aussi traiter de l'accès aux ressources et aux marchés, et prévoir des mesures parallèles dans d'autres domaines. Il convient en particulier qu'elles pourvoient aux besoins des groupes vulnérables et défavorisés, et de ceux qui sont victimes de situations particulières comme les catastrophes naturelles et les urgences.»

DIRECTIVE 3.3 SUR LE DROIT À L'ALIMENTATION

Pour être fondée sur les droits de l'homme, la conception de politiques doit présenter un ensemble d'éléments spécifiques, dont:

- Un degré élevé de **redevabilité**, basé sur l'identification claire de **responsabilités** et la définition de **calendriers** de réalisation des buts et objectifs;
- Une **coordination** horizontale et verticale effective au sein des institutions gouvernementales et entre les niveaux nationaux et infranationaux du gouvernement;
- La **participation** significative de la société civile et des représentants des groupes de population les plus marginalisés et souffrant le plus d'insécurité alimentaire;
- Un degré élevé d'**engagement** et de soutien **politique,** se traduisant par un **financement** adapté et durable des mesures politiques; et
- Un **suivi** effectif des menaces naissantes pesant sur la protection et la concrétisation du droit à une alimentation adéquate, ainsi que des progrès en matière de concrétisation de ce droit[51].

On retrouve ces différentes **composantes** dans différentes caractéristiques de la conception de politiques et stratégies, qui entretiennent des liens intrinsèques avec des directives spécifiques, dont: le préambule du document de politique[52], l'identification des groupes vulnérables et souffrant d'insécurité alimentaire et les inégalités devant être prises en considération[53], l'énoncé de vision[54], les objectifs de la politique[55], les domaines d'action prioritaires[56], les principes guidant la mise en œuvre de la politique[57], les structures institutionnelles responsables de la coordination et de la mise en œuvre des politiques[58] et le suivi et l'évaluation de la politique[59/60].

En tenant compte de ces composantes et des différentes **caractéristiques** de la conception de politiques, certains des progrès survenus au cours des 15 dernières années seront présentés à la lumière des **sept thématiques** suivantes englobant la plupart de ces composantes et faisant partie des différentes caractéristiques de la conception de politiques[61]. Un petit échantillon de politiques et stratégies intégrant des éléments clés des Directives sur le droit à l'alimentation tout en favorisant la concrétisation progressive du droit à une alimentation adéquate est présenté ci-après.

1 Engagement politique et obligations juridiques concernant le droit à une alimentation adéquate

À **Grenade**, la politique de sécurité alimentaire et nutritionnelle de 2013 rappelle explicitement, dans son préambule, les obligations et engagements du pays concernant le droit à une alimentation adéquate, en faisant notamment expressément référence aux Directives sur le droit à l'alimentation, tout en ajoutant que le «Gouvernement réaffirme son engagement envers la protection et la concrétisation du droit à l'alimentation». Cette politique définit par ailleurs une vision cherchant à «reconnaître pleinement le droit à l'alimentation et à garantir que tous les Grenadiens aient, à tout moment, un accès

ENCADRÉ 4. PEUPLES AUTOCHTONES ET CONCRÉTISATION PROGRESSIVE DU DROIT À UNE ALIMENTATION ADÉQUATE

Le droit à l'alimentation des peuples autochtones dépend essentiellement du respect des moyens de subsistance et des traditions, qui sont fermement ancrés dans les droits collectifs aux terres, territoires et ressources naturelles ancestraux. En incluant dans la Directive 8.1 le lien existant pour les peuples autochtones et les populations pastorales entre terres, ressources naturelles, territoires et moyens de subsistance d'une part, et droit à l'alimentation d'autre part, les Directives sur le droit à l'alimentation se sont avérées visionnaires:

« Le cas échéant, il convient que les États mettent en œuvre, dans le respect de leurs obligations en matière de droits de l'homme et des principes du droit, des réformes foncières et autres politiques de réforme, en vue de garantir un accès rationnel et équitable à la terre et de renforcer la croissance au bénéfice des populations démunies. Il convient de prêter une attention particulière à certains groupes de population, comme les éleveurs itinérants et les peuples autochtones, et aux rapports qu'ils entretiennent avec les ressources naturelles. »

Il n'existe pas de chiffres officiels sur le nombre de peuples autochtones qui peuplent la planète. Plusieurs estimations s'accordent sur le fait qu'il y aurait plus de 370 millions de peuples autochtones vivant dans 90 pays et répartis sur les sept régions. Ces populations parlent une grande majorité des quelque 7000 langues parlées dans le monde et représentent 5000 cultures différentes. En Inde, le recensement officiel comptabilise plus de 100 millions d'Adivasis ou de peuples tribaux. Si les peuples autochtones devaient être rassemblés dans un seul pays, il s'agirait du troisième pays le plus peuplé du monde. Leur richesse en matière de connaissances traditionnelles, de langues et de diversité contraste nettement avec le fait qu'ils représentent 15 % des plus pauvres du monde[1].

Si les peuples autochtones sont les gardiens des écosystèmes et des ressources naturelles, qui abritent 80 % de la biodiversité restante du monde, la faim et la malnutrition sont démesurément plus élevées chez eux qu'au sein de la population non autochtone dans la plupart des pays où des données sont disponibles.

À l'instar de nombreux autres groupes de population dans le monde, tels que les éleveurs, les pêcheurs ou les personnes pratiquant l'agriculture familiale, il n'existe pas de définition officielle du terme « peuple autochtone ». Toutefois, l'article 33 de l'UNDRIP précise que les peuples autochtones ont le droit de décider de leur propre identité ou appartenance conformément à leurs coutumes et traditions (article 33 (1))[2]. Cet article important complète les critères de la Convention no 169 de l'OIT pour guider l'identification des peuples autochtones dans un pays donné. Lesdits critères soulignent l'importance des terres, territoires et ressources dans la construction des identités, des pratiques de subsistance, des systèmes alimentaires et de connaissances des peuples autochtones. Il convient de rappeler, toutefois, que plusieurs pays, malgré leur approbation de l'UNDRIP de 2007 à l'échelle internationale, ne reconnaissent pas l'existence des peuples autochtones présents sur leur territoire, contribuant ainsi au non-respect de leurs droits fondamentaux, y compris à l'alimentation[3].

À l'échelle nationale, la décision no 35/PUU-X/2012 (CR.35) prise en 2012 par la Cour constitutionnelle de l'Indonésie a marqué un tournant pour la restauration du droit des Masyarakat Adat (peuples autochtones) de posséder et de gérer leurs territoires coutumiers, en particulier les forêts coutumières. Cette décision n'a toutefois pas encore été mise à exécution de manière cohérente par les règlements nationaux de façon à appuyer l'existence et la reconnaissance des peuples autochtones en Indonésie et garantir leur accès aux forêts ancestrales. Dès 2018, seuls 17244 hectares de forêts coutumières avaient été attribués à 33 communautés autochtones, ce qui représente 0,43 % des 4 millions d'hectares ciblés par le Ministère des forêts pour l'année 2018. Au rythme moyen actuel de 11 Hutan Adat/an[4], une accélération du rythme de mise en œuvre est espérée pour les années à venir.

En soi, les peuples autochtones ne sont pas des populations vulnérables. Ils gèrent leurs territoires et leurs ressources naturelles depuis des milliers d'années de façon dynamique et ingénieuse, ce qui leur permet d'occuper les mêmes territoires et de préserver leurs ressources naturelles pour en

ENCADRÉ 4. SUITE

assurer la disponibilité pour les générations futures. C'est l'absence systématique et systémique de reconnaissance de leurs droits, et plus particulièrement de leurs droits d'auto-identification et de propriété collective, entre autres, qui place les peuples autochtones en situation de vulnérabilité, de pauvreté, de conflit et d'insécurité alimentaire. L'exode vers les villes, les déplacements forcés et la perte des moyens de subsistance et des habitats traditionnels forcent les peuples autochtones à consommer des aliments étrangers à leurs cultures et à leurs habitudes. Encore une fois, le caractère adéquat est essentiel au droit à l'alimentation, comme nous le rappelle la Directive 10.10 des Directives sur le droit à l'alimentation.

physique, économique et social à une alimentation salubre, nutritive, culturellement acceptable, abordable et suffisante pour satisfaire leurs besoins alimentaires pour mener une vie saine et active»[62].

En **Jamaïque**, la politique nationale de sécurité alimentaire et nutritionnelle rappelle la ratification d'instruments internationaux clés relatifs à la concrétisation du droit à une alimentation adéquate, et relie ce dernier au droit à la vie, garanti par la Constitution, tout en reconnaissant son statut de «droit fondamental de tous les citoyens, quel que soit leur statut socioéconomique». Par ailleurs, la politique vise à ce que «tous les Jamaïcains et résidents de la Jamaïque aient, à tout moment, un accès universel, physique, social et économique à une alimentation suffisante, salubre et nutritive pour satisfaire leurs préférences alimentaires et mener ainsi une vie saine et active», et s'est fixé pour objectif à long terme «d'assurer la protection et la concrétisation pleines et entières du droit universel à l'alimentation»[63].

2 Équité et populations vulnérables et souffrant d'insécurité alimentaire

La Stratégie de sécurité alimentaire et nutritionnelle due **Guyana**, fondée sur une évaluation nationale de la sécurité alimentaire, détaille de façon exhaustive les groupes vulnérables et souffrant d'insécurité alimentaire: a) les agriculteurs de subsistance (côtiers, riverains, de l'arrière-pays); b) les mineurs de petite échelle; c) les petits marchands et pêcheurs; d) les salariés à faible rémunération (employés saisonniers ou temporaires, en particulier dans les zones urbaines); e) les bûcherons; f) les coupeurs de canne; g) les mères célibataires; h) les Amérindiens; i) les enfants des rues; et j) les retraités. Cette liste s'avère essentielle pour la stratégie, puisqu'elle souligne l'accent placé sur les groupes vulnérables dans tous ses objectifs, dans le but général d'«améliorer la santé et le bien-être de toutes les personnes vivant à Guyana grâce à une sécurité alimentaire et nutritionnelle renforcée»[64].

3 Concrétisation progressive du droit à l'alimentation qui associe les conclusions relatives à l'énoncé de vision et les objectifs de la politique

Au **Bhoutan**, la politique de sécurité alimentaire et nutritionnelle de 2014 poursuit la vision selon laquelle «toutes les personnes vivant au Bhoutan, à tout moment, ont un accès physique, économique et social à une alimentation nutritive, salubre et adéquate pour mener une vie saine et active contribuant à la concrétisation du Bonheur national brut»[65]. Par ailleurs, si le droit à une alimentation adéquate fait partie des principes directeurs, les buts et objectifs généraux de la politique détaillent quant à eux des aspects précis de ce droit.

4 Actions politiques hautement prioritaires

À **El Salvador**, la politique de sécurité alimentaire et nutritionnelle 2011-2015 vise principalement à garantir le droit à une alimentation saine pour

ENCADRÉ 5. ACTIONS COLLECTIVES POUR GARANTIR L'AVANCÉE DU DROIT À UNE ALIMENTATION ADÉQUATE

Les Clubs Dimitra constituent un exemple patent d'action collective pour garantir l'avancée du droit à une alimentation adéquate. Basés sur une approche fondée sur les droits de l'homme et transformatrice sur le plan de l'égalité des genres, ces clubs visent à faciliter l'autonomisation des populations rurales et à faire progresser l'égalité des genres dans les zones rurales. Les Clubs Dimitra sont des groupes informels de femmes, d'hommes, de filles et de garçons qui font la promotion d'actions collectives pour atteindre les ODD – en particulier les ODD 1, 2 et 5, et qui se réunissent pour discuter de problèmes communs et chercher des solutions, appliquées généralement de façon collective à l'aide de ressources locales. La liberté d'expression, l'accès à l'information, l'égalité des genres, et la participation et l'action inclusives sont les principes directeurs de ces clubs.

Il existe aujourd'hui plus de 3 500 clubs Dimitra, composés d'environ 105 000 membres (dont 60 % de femmes) dans sept pays d'Afrique subsaharienne (Burundi, Ghana, Mali, Niger, République centrafricaine, République démocratique du Congo et Sénégal). On estime à plus de 2,5 millions le nombre de personnes bénéficiant de ces clubs. Leur incidence dans différents domaines a été évaluée, notamment la sécurité alimentaire et la nutrition, l'égalité des genres, l'autonomisation sociale et économique et le leadership des femmes et des jeunes[1].

Un autre exemple intéressant d'action collective a eu lieu au Malawi. À la suite d'une visite du Rapporteur spécial des Nations Unies sur le droit à l'alimentation et des recommandations émises dans son rapport de mission, et outre l'appui fourni par plusieurs organismes de l'ONU, d'importantes mesures ont été prises pour répondre aux demandes des mouvements de la société civile sur les questions foncières. Ces mesures sont le fruit d'une grande implication et d'une mobilisation active de la société civile sur des questions fondamentales d'accès aux terres et de propriété foncière, associées aux traditions culturelles pour assurer la capacité des communautés à se nourrir et à nourrir leurs familles dans la dignité. Du fait des actions collectives prises en matière de droits fonciers, des démarches importantes ont été faites pour préserver et garantir le droit de ces communautés à une alimentation adéquate[2].

tous, en prêtant une attention immédiate aux plus vulnérables. Ses objectifs spécifiques précisent les aspects pertinents favorables à la concrétisation effective du droit à une alimentation adéquate. Plusieurs principes directeurs relatifs à sa mise en œuvre sont définis, y compris, en premier lieu, la promotion de la concrétisation du droit à une alimentation adéquate pour tous. Au titre de ses mesures politiques prioritaires, cette politique s'attache à faciliter et à donner un rôle central aux agriculteurs de petite échelle et à garantir l'inclusion et la participation active des femmes, des jeunes et des peuples autochtones. Elle prévoit par ailleurs la prise de mesures concrètes dans des domaines essentiels à la concrétisation du droit à une alimentation adéquate, tels que le travail décent, la protection sociale, la nutrition et les bonnes habitudes alimentaires[66].

5 Principes de mise en œuvre des politiques et bonne gouvernance

En **Sierra Leone**, la politique nationale de sécurité alimentaire et nutritionnelle 2012-2016 prévoit plusieurs principes de mise en œuvre fondés sur les droits de l'homme, et notamment que «l'alimentation adéquate et la nutrition constituent un droit fondamental», que «les considérations sexospécifiques et les besoins de tous les groupes vulnérables font partie intégrante de toutes les composantes de la politique», que le Gouvernement est «responsable et tenu d'améliorer la sécurité alimentaire du pays conformément aux lois nationales et conventions, traités et résolutions internationaux sur le droit à l'alimentation» et qu'«une approche fondée sur les droits sera adoptée dans le cadre de la planification, de l'élaboration du budget et de la mise en œuvre de la politique, de façon à promouvoir et protéger le droit à une alimentation adéquate et à la nutrition, en garantissant la participation des détenteurs de droits»[67].

6 Participation et coordination politique

Au **Pérou**, la Stratégie nationale de sécurité alimentaire et nutritionnelle 2013-2021 a été

ENCADRÉ 6. L'ÉTAT PLURINATIONAL DE BOLIVIE: INSTITUTIONS CHARGÉES DE LA PROMOTION ET DE LA PROTECTION DU DROIT À L'ALIMENTATION

En 2009, l'État plurinational de Bolivie prenait une initiative majeure vers la réalisation du droit à l'alimentation en intégrant cette dernière à la Constitution. Ces dernières années, le Gouvernement a mis sur pied un plan ambitieux visant à réduire les disparités et à mettre un terme à la pauvreté dans l'État plurinational de Bolivie. Cet engagement politique est complété par un vaste ensemble de politiques et de programmes conçus pour éradiquer la faim dans le pays. Par ailleurs, les représentants boliviens ont ardemment et ouvertement plaidé en faveur des droits de l'homme au sein du système des Nations Unies – et plus particulièrement en faveur de la Déclaration des Nations Unies sur les droits des peuples autochtones (UNDRIP).

La Constitution du pays a essayé de résumer et d'institutionnaliser toutes ces idées sous forme de règles ou principes de base, de concepts appartenant aux traditions culturelles autochtones et exprimant l'idée d'harmonie entre soi, les autres et le cosmos, constituant ainsi les premiers balbutiements d'un mouvement concret. La Constitution de l'État plurinational de Bolivie fait essentiellement valoir la primauté de la «Terre mère». Le droit à l'alimentation s'intègre pleinement dans ses articles 16.1 (qui traite également de l'eau) et 16.11, sous forme de droit inclusif et pas uniquement de droit à une ration minimale de calories, de protéines et d'autres nutriments spécifiques. Le droit ainsi reconnu renvoie à l'élément d'adéquation, en termes à la fois de quantité, de qualité et de pertinence au vu des aspects culturels, ainsi que de physiologie de l'individu.

À l'échelle nationale, le Conseil national de l'alimentation et de la nutrition (*Consejo Nacional de Alimentación y Nutrición* – CONAN), créé en 2003 et réformé en 2006, a pour mandat de mettre en œuvre le droit à l'alimentation. De 2006 à 2015, le CONAN et son comité technique (CT-CONAN) a été l'un des acteurs incontournables de la garantie de l'intégration du droit à l'alimentation dans les projets et programmes multisectoriels, plans de développement infranationaux et municipaux et politiques et plans nationaux de sécurité alimentaire. Jusqu'à l'adoption de la loi-cadre d'autonomie et de décentralisation en 2010, les conseils départementaux et municipaux (CODAN et COMAN) ont été davantage autonomisés afin d'appuyer, de conseiller et d'intégrer le droit à l'alimentation dans la planification.

Le bureau de la *Defensoría del Pueblo* (ombudsman), qui joue le rôle d'institution nationale de protection des droits de l'homme depuis sa création, a également manifesté son soutien au droit à l'alimentation. Le Conseil national des droits de l'homme de l'État plurinational de Bolivie, inauguré en 2010, était responsable de la mise en œuvre du plan d'action quinquennal en matière des droits de l'homme (*Plan Nacional De Acción de Derechos Humanos*).

Au fil des ans, l'État plurinational de Bolivie a témoigné de sa volonté d'opérationnaliser la concrétisation progressive du droit à l'alimentation par l'adoption de cadres juridiques, politiques et institutionnels. Ces progrès et cadres établis exigent des efforts, des responsabilités, des ressources et des capacités supplémentaires pour garantir la jouissance du droit à l'alimentation de toute la population.

élaborée dans le cadre d'un processus participatif et multipartite sous l'égide de la Commission multisectorielle sur la sécurité alimentaire et nutritionnelle. La stratégie adopte le droit à une alimentation adéquate comme premier cadre de mise en œuvre et détaille l'évolution de ce droit à l'échelle internationale ainsi que son contenu normatif, en citant notamment le rôle fondamental joué par les Directives sur le droit à l'alimentation dans la réalisation de ses propres objectifs. Elle comprend par ailleurs une analyse détaillée des données ventilées sur les groupes vulnérables, et présente plusieurs enseignements tirés du processus d'élaboration de la Stratégie, y compris l'importance de la prise de mesures proactives pour garantir l'intégration sociale des groupes vulnérables ainsi que la nécessité d'établir des synergies entre les différents niveaux de gouvernement, ainsi qu'avec la société civile et le secteur privé, compte tenu de la nature multisectorielle des questions concernées[68].

ENCADRÉ 7. LE PACTE DE POLITIQUE ALIMENTAIRE URBAINE DE MILAN

Le Pacte de politique alimentaire urbaine de Milan (MUFPP) est un processus international innovant et global ayant des ramifications à l'échelle locale, signé par les maires et représentants d'autorités locales au lendemain de l'Expo 2015 «Nourrir la planète, énergie pour la vie». Le Pacte de Milan dispose explicitement dans son premier engagement que «[n]ous travaillerons au développement de systèmes alimentaires durables, inclusifs, résilients, sûrs et diversifiés, qui fournissent des aliments sains et abordables à tous dans le respect des droits fondamentaux, réduisent au maximum le gaspillage, préservent la biodiversité et atténuent les effets du changement climatique tout en s'y adaptant». À ce jour, un peu moins de 200 villes ont signé le Pacte de Milan, mettant ainsi en place un réseau d'autorités et de populations engagées qui partagent des idées et des pratiques innovantes dans différents domaines essentiels à la concrétisation effective du droit de la population à une alimentation adéquate. La FAO, le Pacte de Milan et le centre de recherches Economia e Sostenibilità (EStà) ont publié un rapport narratif sur le rôle et l'implication des villes signataires dans les processus décisionnels, et en particulier dans l'évolution des politiques et pratiques alimentaires observées dans 157 villes, et donc dans la transformation des systèmes alimentaires municipaux et nationaux[1]. Un cadre de suivi comportant des domaines d'action recommandés, des domaines de résultats et d'impacts et des indicateurs de performances quantitatives et qualitatives, est aujourd'hui en cours d'élaboration selon un processus participatif[2]. Le Pacte de Milan encourage la mise en place d'un processus de régionalisation pour renforcer le dialogue et améliorer la gouvernance alimentaire régionale. Le premier Forum régional des villes d'Amérique latine signataires du Pacte de Milan a été organisé par la ville de Rio de Janeiro du 29 au 31 mai 2019[3]. Enfin, un grand nombre des villes du Pacte de Milan ont élaboré des systèmes alimentaires urbains capables de réduire les émissions. La ville de Milan, présidente du Pacte de Milan, s'est engagée à résoudre ces problèmes et à promouvoir des régimes sains et durables à l'aide de la restauration scolaire. Les villes ouvrent la voie vers un avenir plus durable, où l'alimentation peut être la solution à long terme au changement climatique[4].

7 Suivi des politiques et redevabilité

En **Ouganda**, la Stratégie alimentaire et nutritionnelle nationale consacre un chapitre au suivi et à l'évaluation, qui comprend des principes sous-jacents tels que la nécessité de «mettre en œuvre le processus de suivi de la stratégie en suivant les principes des droits de l'homme», tout en appelant explicitement à un «suivi axé sur les droits du droit à une alimentation adéquate en Ouganda». Pour détailler davantage le processus, elle avance que «le suivi de la mise en œuvre du droit à une alimentation adéquate: a) implique directement les parties prenantes, à savoir les détenteurs d'obligations et les détenteurs de droits; b) se concentre sur les répercussions et processus des politiques et programmes; et c) fournit des informations grâce auxquelles les détenteurs de droits peuvent forcer les détenteurs d'obligations à répondre de leurs actes tout en renforçant leurs propres capacités d'action». Elle ajoute par ailleurs que «le fait d'assurer la redevabilité des détenteurs d'obligations suppose d'établir des référentiels clairs et vérifiables qui permettront d'évaluer les progrès». Elle souligne que le «processus de suivi doit être participatif, stimulant, transparent, et établir les fondements permettant aux détenteurs de droits d'assurer la redevabilité des détenteurs d'obligations». Enfin, les obligations et engagements de l'État vis-à-vis de la concrétisation du droit à une alimentation adéquate sont mis en lumière, et plusieurs groupes vulnérables spécifiques sont identifiés dans les différents domaines d'intervention de la Stratégie[69].

Processus actuels

En **Colombie**, la signature, en 2016, de l'accord pour mettre fin au conflit et consolider la paix donne l'élan nécessaire aux progrès vers la concrétisation du droit à une alimentation adéquate. Des plans nationaux pour un développement rural intégral, prévus par le premier pilier de l'accord, doivent être rédigés pour accélérer les progrès vers l'amélioration des moyens de subsistance et du niveau de vie des communautés des zones rurales. Ce pilier renvoie également à la mise en place d'un système propice à la concrétisation progressive du droit à une alimentation adéquate. Compte tenu des liens réciproques entre la concrétisation du droit à une alimentation adéquate, le développement rural et la paix et la sécurité, l'accord fournit une base solide supplémentaire complétant les structures législative, politique et institutionnelle déjà en place en Colombie pour éradiquer la pauvreté et garantir le droit universel à une alimentation adéquate.

Mesures institutionnelles

Si l'élaboration de lois et de politiques est fondamentale à la concrétisation du droit à une alimentation adéquate, le rôle central des institutions dans la planification, la mise en œuvre, la coordination et le suivi des efforts visant à opérationnaliser les Directives sur le droit à l'alimentation ne peut être sous-estimé. De plus, il existe de nombreux liens intrinsèques entre mesures législatives et politiques et mesures institutionnelles, ces dernières voyant souvent le jour grâce aux premières.

« Le cas échéant, il convient que les États évaluent le mandat et les performances des institutions publiques concernées et selon les besoins, qu'ils établissent, réforment ou mettent en valeur leur organisation et leur structure, afin de contribuer à la concrétisation progressive du droit à une alimentation adéquate dans le contexte de la sécurité alimentaire nationale. »

DIRECTIVE 5.1 SUR LE DROIT À L'ALIMENTATION

Deux catégories d'institutions sont présentées ci-dessous, de façon à souligner les progrès ayant eu lieu depuis l'adoption des Directives sur le droit à l'alimentation: les organes exécutifs et législatifs d'une part, et les institutions de protection des droits de l'homme d'autre part. Les institutions financières internationales (IFI) seront également brièvement abordées pour montrer, à l'échelle supranationale, quel rôle fondamental leurs mandats peuvent jouer pour assurer l'avancée des droits de l'homme et soutenir les efforts de concrétisation du droit à une alimentation adéquate et de réalisation des ODD lorsqu'ils renvoient à des outils politiques mondiaux comme les Directives sur le droit à l'alimentation.

« En reconnaissant la responsabilité première des États quant à la concrétisation progressive du droit à une alimentation adéquate, les États sont invités à mettre en œuvre une approche multipartite en matière de sécurité alimentaire nationale, afin d'identifier les rôles des différentes parties prenantes et de les faire participer, en englobant la société civile et le secteur privé, grâce à la mise en commun des expertises en vue de favoriser l'utilisation rationnelle des ressources. »

DIRECTIVE 6.1 SUR LE DROIT À L'ALIMENTATION

Quatre dimensions essentielles des institutions nationales se distinguent comme catalyseurs de l'efficacité et de la durabilité: la capacité, la participation, la redevabilité et la transparence[70]. Par ailleurs, les processus actuels mettront en lumière deux tendances récentes qui impliquent différentes parties prenantes dans les efforts de concrétisation progressive du droit à une alimentation adéquate, conformément aux recommandations de la Directive 6 sur les parties prenantes: les alliances parlementaires contre la faim et la malnutrition et les observatoires sur le droit à une alimentation adéquate.

Organes exécutifs et législatifs

Comme l'indique principalement la Directive 5, les organes exécutifs et législatifs servent à faire respecter ou à coordonner la mise en œuvre des politiques et programmes relatifs au droit à une alimentation adéquate. Ces organes prennent deux formes: conseils de sécurité alimentaire et nutritionnelle, et institutions de coordination. La Directive 5.2 ajoute que ces institutions peuvent « assurer une mise en œuvre, un contrôle et une évaluation concertés des politiques, des plans et des programmes »[71] par les ministères, agences et bureaux compétents du gouvernement. Ces quinze dernières

ENCADRÉ 8. SIERRA LEONE: CRÉER DES MÉCANISMES COMMUNAUTAIRES DE RÈGLEMENT DES DIFFÉRENDS POUR ASSURER LA MÉDIATION ET LA RÉSOLUTION DES DIFFICULTÉS EN MATIÈRE DE SÉCURITÉ ALIMENTAIRE ET DE DROIT À L'ALIMENTATION

Les avancées en Sierra Leone montrent comment la fourniture de services gratuits d'assistance juridique à la communauté a permis de faire émerger des solutions locales aux difficultés, tout en renforçant la redevabilité et la transparence. Dirigée par le Centre juridique d'accès à la justice, cette expérience fournit une alternative au règlement des différends entre les citoyens et communautés et les représentants d'administrations publiques, là où le contentieux formel coûte trop cher, est inaccessible ou inacceptable sur un plan culturel.

L'expérience s'est déroulée en quatre phases: sensibilisation aux droits et introduction du rôle des assistants juridiques dans les communautés ; mise en place d'organes communautaires de surveillance basés sur le volontariat, dont les membres assurent la liaison avec la communauté et la communication entre les assistants juridiques mobiles du Centre juridique et la communauté; identification des affaires, discussion et médiation grâce aux assistants juridiques; et renvoi des cas complexes ou non résolus à l'avocat responsable au Centre juridique.

La médiation implique les membres de la communauté, des tiers liés à l'État et les parties prenantes actives dans le district. Parmi les 11 affaires signalées, un litige entre un propriétaire foncier et l'Institut de recherche agricole de la Sierra Leone a été résout. Une deuxième affaire impliquait une société de construction qui s'est approprié des propriétés appartenant à trois membres de la communauté et qui a détruit leurs cultures en déposant du gravier sur les terrains concernés, sans compenser les propriétaires. Cette affaire, qui impliquait l'administration des routes de Sierra Leone et nécessitait la coopération du Conseil de district de Kambia, a également obtenue des résultats positifs grâce à l'engagement des assitants juridiques.

Cette dernière affaire montre comment les membres de la communauté ont été habilités à signaler les problèmes touchant leurs moyens de subsistance, qui auraient été négligés dans d'autres circonstances. La mise en place de comités communautaires de surveillance ayant pour mission de suivre les activités des assistants juridiques et d'évaluer leurs avantages ; de fournir des informations à la communauté ; et d'instaurer un environnement éducatif pour la médiation pacifique des litiges relatifs à l'alimentation, via la sensibilisation aux droits, a permis de lancer un processus dans lequel les communautés prennent le contrôle de la résolution de ces questions.

années, un nombre important d'institutions de ce type ont été créées ou renforcées, jouant un rôle fondamental dans la facilitation des progrès vers la concrétisation du droit à une alimentation adéquate.

Au **Brésil**, le système national de sécurité alimentaire et nutritionnelle (SISAN) a été établi par la loi no 11.346 de 2006, dont le mandat explicite consiste à « formuler et mettre en œuvre des politiques, plans, programmes et actions cherchant à garantir le droit à une alimentation adéquate »[72]. L'institution joue un rôle critique dans l'avancée de la concrétisation du droit à une alimentation adéquate, compte tenu du fait notamment que le Brésil garantit le droit à une alimentation adéquate dans sa constitution, dans une loi-cadre sur le droit à une alimentation adéquate, dans plusieurs lois sectorielles exerçant un impact important sur la concrétisation de ce droit, ainsi que dans des politiques, plans et programmes mettant en œuvre différents aspects des Directives sur le droit à l'alimentation. De plus, le SISAN est composé d'une myriade de parties prenantes, du secteur public à la société civile en passant par des syndicats, le district fédéral, des municipalités et des organisations privées.

Le **Guatemala**, lui, a adopté une approche multifacettes pour garantir le droit à une alimentation adéquate, encourageant la participation de représentants de la société civile à son Système national de sécurité alimentaire et nutritionnelle (SINASAN). Le Décret 32-2005[73] prévoit que l'Autorité de consultation et de participation sociale (INCOPAS) garantit la prise en compte des opinions et points de vue de la société civile par le Conseil national de sécurité alimentaire et nutritionnelle (CONASAN) et dans le cadre des différentes actions d'éradication de la faim et de la malnutrition[74].

Institutions de protection des droits de l'homme

Les institutions de protection des droits de l'homme, décrites dans la Directive 18, jouent un rôle central dans la concrétisation du droit à une alimentation adéquate, que ce soit par le suivi de la mise en œuvre des mesures, la communication de recommandations détaillées ou la production de supports éducatifs sur le droit à une alimentation adéquate. La majorité des pays ont mis en place de telles institutions, qui existent donc partout dans le monde et qui répondent aux plus grandes exigences de conformité telles qu'établies par les Principes de Paris de 1991[75].

En **Afrique du Sud**, la Commission des droits de l'homme a le mandat précis de «promouvoir le respect des droits de l'homme et une culture de protection de ces droits; de promouvoir la protection, le développement et la réalisation des droits de l'homme; et de suivre et évaluer le respect des droits de l'homme sur le territoire de la République». Outre la transparence fournie par son mandat, la Commission a le pouvoir «d'enquêter et de communiquer sur le respect des droits de l'homme; de prendre des mesures et d'assurer une réparation adaptée en cas de violation des droits de l'homme; de mener des recherches; et d'instruire». Par ailleurs, sur le plan de la redevabilité, la Commission a l'obligation chaque année de «demander aux organes compétents de l'État de [lui] fournir des informations sur les mesures prises pour assurer la réalisation des droits visés par la Déclaration des droits concernant [...] l'alimentation», le droit à une alimentation adéquate étant explicitement garanti par la Constitution nationale[76].

Organes judiciaires et d'ordre juridictionnel

Si les institutions susmentionnées jouent un rôle primordial dans la promotion, la mise en œuvre et la coordination des efforts en matière de concrétisation du droit à une alimentation adéquate, les organes judiciaires et d'ordre juridictionnel jouent un rôle fondamental en cas de violation de ce droit. Comme l'indique la Directive 7.2, les organes judiciaires et d'ordre juridictionnel sont les principaux espaces donnant aux victimes de violations du droit à l'alimentation un accès à des «voies de recours adéquates, efficaces et rapides»[77]. À la tête de ces organes figurent les juridictions nationales, chargées de veiller au respect de la législation nationale et des obligations internationales, le cas échéant.

La Constitution du **Kenya**, adoptée en 2010, non seulement garantit explicitement le droit à une alimentation adéquate – comme décrit antérieurement – mais confie également aux juridictions le mandat de faire observer et respecter cette garantie. Ainsi, son article 23 dispose que «[l]a Haute Cour a compétence, en vertu de l'article 165, pour connaître et statuer sur les demandes de réparation en cas d'atteinte, de violation, d'infraction ou de menace contre un droit ou une liberté fondamentale de la Déclaration des droits»[78].

Institutions financières internationales (IFI)

Selon la Charte des Nations Unies, la coopération internationale visant à résoudre les problèmes internationaux d'ordre économique, social, intellectuel ou humanitaire constitue l'une des raisons d'être des Nations Unies (Article 1(3)). Ses articles 2, 55 et 56 disposent que tous les États membres ont certaines obligations, qu'ils doivent respecter à la fois individuellement et collectivement. Plus particulièrement, tous les États membres prendront des mesures conjointes et individuelles pour réaliser les buts des Nations Unies. Les IFI, les associations régionales et d'autres acteurs facilitant l'action collective des États jouent un rôle central pour faire avancer le développement international. Leurs activités ayant des répercussions sur le développement et la protection et la promotion des droits de l'homme, les États doivent s'assurer que leurs actions collectives contribuent à la création d'un environnement international propice au développement. Parmi les institutions financières internationales, la Banque européenne pour la reconstruction et le développement (BERD) et la Banque européenne d'investissement (BEI) comptent les droits de l'homme dans leur mandat. Par ailleurs, la Convention de 2012 relative à l'aide alimentaire, ultérieurement renégociée et rebaptisée Convention relative à l'assistance alimentaire, renvoie expressément aux Directives sur le droit à l'alimentation[79].

Processus actuels

Les conseils de sécurité alimentaire et nutritionnelle, les institutions de coordination, les institutions de protection des droits de l'homme et les organes judiciaires et d'ordre juridictionnel ont toujours été les forums représentant le mieux le cadre institutionnel relatif à la mise en œuvre des Directives sur le droit à l'alimentation et les mesures visant la concrétisation du droit à une alimentation adéquate. Toutefois, si des progrès importants ont eu lieu au cours des 15 dernières années au sein de ces institutions, comme nous l'avons vu brièvement ci-dessus, une forte impulsion a été donnée ces dernières années en faveur de l'implication plus active d'autres parties prenantes importantes, telles que les parlementaires et les universités, ce qui s'inscrit dans la lignée de la nature pluripartite des Directives sur le droit à l'alimentation.

Alliances parlementaires contre la faim et la malnutrition

Compte tenu de leurs fonctions législatives, budgétaires et de contrôle, associées à leur énorme influence dans leur circonscription, les parlementaires ont un rôle crucial à jouer pour s'assurer que la population est en mesure de s'alimenter dignement. Des alliances parlementaires ont vu le jour et continuent d'être créées, y compris à l'échelle régionale, pour tirer parti de leur rôle important et promouvoir la coopération et la coordination entre les députés. Le **Front parlementaire contre la faim en Amérique latine et dans les Caraïbes** (FPF-ALC), créé en 2009 sur le continent américain avec l'aide de l'Initiative pour l'Amérique latine et les Caraïbes libérées de la faim, a largement contribué aux processus législatifs et politiques régionaux et nationaux en faveur de la concrétisation du droit à une alimentation adéquate, en promouvant notamment plus de 50 initiatives législatives ayant débouché sur l'adoption de 23 lois et trois amendements constitutionnels destinés à éradiquer la faim. Le Front parlementaire contre la faim en Amérique latine et dans les Caraïbes présente par ailleurs une composition unique, étant actuellement formé de fronts pluriels nationaux dans 21 parlements de la région et quatre parlements régionaux et infrarégionaux – le PARLATINO, le Parlement andin (PARLANDINO), le Parlement du marché commun d'Amérique du Sud (PARLASUR) et le Parlement centraméricain (PARLACEN)[80]. En Afrique, l'**Alliance parlementaire panafricaine pour la sécurité alimentaire et la nutrition** (PAP-FSN, en anglais) a été créée pour instaurer un environnement propice à la réalisation de l'ODD2, de façon à garantir la présence du droit à une alimentation adéquate au plus haut niveau des programmes législatifs et politiques régionaux. Elle conduit aujourd'hui le processus de rédaction et d'adoption d'une loi-modèle régionale sur la sécurité alimentaire et nutritionnelle. Des mesures ont également été prises à l'échelle infranationale avec la création d'alliances parlementaires, telles que la création en 2019 de l'Alliance parlementaire de l'Afrique de l'Est pour la sécurité alimentaire et la nutrition. En Europe, l'**Alliance parlementaire européenne contre la faim** est un groupe diversifié réunissant plus de 30 parlementaires de différentes nationalités, affiliations politiques et comités parlementaires qui offre un espace de dialogue politique et de sensibilisation au droit universel à une alimentation adéquate et à l'éradication de la faim, de l'insécurité alimentaire et de la malnutrition. À l'échelle transrégionale, un

Réseau parlementaire sur la sécurité alimentaire en Afrique et dans le Monde Arabe réunissant des représentants de pays africains et arabes a été créé à l'initiative de l'Association des Sénats, Shoura et Conseils équivalents d'Afrique et du Monde Arabe (ASSECCA). Outre la coopération à l'échelle régionale, ces actions ont eu d'importantes répercussions à l'échelle nationale, puisque des dizaines de pays ont mis sur pied des alliances parlementaires nationales de lutte contre la faim. Cette dynamique a été mise en évidence pendant le premier **Sommet parlementaire mondial contre la faim et la malnutrition** qui s'est tenu à Madrid en 2018. Avec plus de 200 parlementaires représentant près de 80 pays, le Sommet de Madrid a débouché sur l'adoption de la Déclaration de Madrid, qui définit plusieurs engagements pour «atteindre la Faim Zéro et concrétiser le droit à une alimentation adéquate pour tous»[81].

Informations sur le droit à une alimentation adéquate

Bien qu'ils aient toujours eu une place prépondérante dans la production de données alimentant les processus législatifs et politiques, les universités et instituts de recherche jouent un rôle de plus en plus important dans la fourniture d'informations aux actions contribuant à la concrétisation du droit à une alimentation adéquate. La création d'observatoires sur le droit à une alimentation adéquate constitue une tendance récente. L'**Observatoire sur le droit à l'alimentation pour l'Amérique latine et les Caraïbes** (ODA-ALC), créé en 2011 et composé de plus de 70 institutions de 17 pays de la région représentées par différentes écoles et centres d'études, est un bon exemple. Les membres de l'Observatoire ont une grande expérience en matière de méthodologie, d'action, d'analyse, de suivi et d'évaluation des lois et politiques publiques, ainsi que dans la prestation de conseils aux commissions parlementaires dans le cadre de partenariats avec les Fronts parlementaires contre la faim en Amérique latine et aux Caraïbes et le Parlement latino-américain et caribéen. De même, l'**Observatoire espagnol sur le droit à l'alimentation** (ODA-E), créé en 2018 et composé de 30 institutions académiques et organisations sociales, vise à promouvoir l'échange d'expériences

ENCADRÉ 9. LE FORUM MONDIAL DE LA BANANE

Le Forum mondial de la banane (FMB) réunit des acteurs centraux de l'économie de la banane pour promouvoir la production et le commerce durables. Il s'occupe des questions générales d'ordre économique, social et environnemental comme les inégalités entre les genres, les mauvaises conditions de travail et la production et les pratiques de traitement non durables. Le Forum, qui rassemble des gouvernements, des détaillants mondiaux, des organisations de la société civile internationale, des syndicats, des associations de consommateurs, des agriculteurs, des instituts de recherche et des organisations intergouvernementales, tire sa force du nombre et de la diversité de ses membres. Le Secrétariat est assuré par la FAO, qui a lancé cette initiative pour assurer la concrétisation progressive du droit à l'alimentation.

Le FMB entretient un dialogue constructif et soutient activement les initiatives présentant le potentiel de renforcer la durabilité du secteur de la banane. La création, en 2014, de l'Initiative de santé et sécurité au travail dans le secteur de la banane (BOHESI), part d'une conviction commune de ses membres concernant la nécessité d'améliorer les conditions de travail des travailleurs dans les plantations et de leurs communautés. La BOHESI a été lancée sous forme de projet pilote en Équateur et au Cameroun, et a bénéficié d'un soutien sans précédent de la part d'acteurs des secteurs public et privé à l'échelle locale, nationale et internationale. Elle a élaboré un manuel sur la santé et la sécurité au travail, qui sert de base aux activités de développement des capacités. Ce manuel a été approuvé par le gouvernement équatorien, et des pays tels que le Costa Rica ou le Ghana, aussi distants soient-ils, ont exprimé leur volonté de participer à cette initiative.

et le dialogue entre les institutions académiques de l'Ibéro-Amérique, les parlements, la société civile et les organisations sociales. Les médias ont eux aussi un rôle central à jouer en matière de travail d'explication de la situation et de promotion des efforts déployés en faveur de la concrétisation du droit à une alimentation adéquate, les Directives insistant sur l'importance d'« encourage[r] la liberté d'opinion et d'expression, la liberté d'information, la liberté de presse et la liberté de réunion et d'association » pour atteindre les objectifs[82]. À cette fin, le **Togo** a pris des mesures innovantes en créant un Réseau national de Journalistes sur le droit à l'alimentation, qui devrait contribuer à compléter les efforts nationaux visant à « informe[r] les particuliers, en vue de renforcer leur capacité de participer aux processus décisionnels qui pourraient les concerner dans le domaine de l'alimentation et de contester les décisions qui compromettent leurs droits »[83].

L'une des principales leçons à retenir de la multitude d'expériences et de processus présentés ci-dessus est qu'il n'existe pas de contexte ou de réalité uniques assurant la prise de mesures décisives en faveur de la mise en œuvre des Directives sur le droit à l'alimentation et la concrétisation du droit à une alimentation adéquate. Cela étant dit, la ferme volonté des acteurs impliqués, des autorités aux communautés, d'assurer la prise de mesures concrètes et décisives pour garantir que tout le monde, sans discrimination aucune et en mettant l'accent sur les groupes vulnérables et marginalisés, puisse progressivement se nourrir dignement, est l'un des dénominateurs communs essentiels. En somme, parmi les facteurs essentiels présents dans les processus ayant abouti à certains des cas présentés ci-dessus, il est possible de citer:

- Un fort engagement politique et l'attribution de ressources publiques;
- La promotion de la cohérence politique via le recours à une approche fondée sur les droits de l'homme;
- Un engagement en faveur de la participation significative, de partenariats solides et du dialogue pluripartite;
- L'accent sur les populations, communautés, groupes et individus les plus vulnérables, notamment les femmes, les jeunes et les peuples autochtones;
- Une attention portée à la sensibilisation, à l'accès à l'information et à l'éducation; et
- La réalisation d'une analyse, d'une recherche d'informations et d'un suivi fondés sur des données probantes pour améliorer la redevabilité. ■

Section 3

Défis à relever à l'horizon 2030

Les progrès vers la réalisation du Programme de développement durable à l'horizon 2030 et ses objectifs ne pourront être accomplis en maintenant le *statu quo*. Malgré les efforts louables et les avancées importantes survenues au fil des ans, tels que ceux décrits précédemment, des progrès supplémentaires et des solutions alternatives s'imposent si l'on veut combler les lacunes et atteindre les objectifs cités des ODD, y compris la «faim zéro». Depuis leur adoption, les Directives sur le droit à l'alimentation ont permis de trouver de nouvelles solutions aux défis nationaux et internationaux, en attirant l'attention sur les secteurs les plus vulnérables de la société, en comblant les brèches d'une culture du développement souvent fragmentée et en promouvant un ensemble de principes généraux des droits de l'homme qui, comme l'ont souligné les sections précédentes, se sont avérés essentiels pour améliorer et renforcer la fiabilité et l'efficacité du processus d'élaboration de politiques. Cet instrument mondial appelle depuis 15 ans à l'amélioration quantitative et qualitative des mesures pour assurer «l'environnement économique, social, politique et culturel pacifique, stable et favorable nécessaire pour que les personnes puissent se nourrir et nourrir leur famille, dans la liberté et la dignité»"[84] et de façon durable.

Plus concrètement, l'un des principaux messages que cet instrument mondial veut faire passer est la nécessité d'un changement profond de paradigme, afin de redéfinir quel impact l'élaboration de politiques doit avoir sur la réalisation des ODD et d'autres objectifs, de manière à réellement agir sur les causes fondamentales de la faim et de la malnutrition. On retrouve fréquemment souvent ces causes à la base, à l'échelle locale, entre les mains des dirigeants locaux, au sein des communautés les plus vulnérables, où l'accès à une alimentation adéquate n'est souvent pas garanti. Les Directives sur le droit à l'alimentation fournissent des orientations sur la lutte efficace contre les vulnérabilités au centre de l'insécurité alimentaire et de la malnutrition. Les personnes vulnérables doivent être ciblées en priorité par chaque mesure prise pour accélérer les progrès vers la réalisation du Programme de développement durable à l'horizon 2030, quels que soient les ODD déterminant les priorités de l'agenda politique national. On peut affirmer sans hésitation qu'une approche axée sur l'humain principalement tournée vers les plus vulnérables est une solution assurant la multiplication des mesures efficaces de lutte contre les défis mondiaux qui redéfinissent la vulnérabilité de façon à y inclure des groupes plus étendus et plus complexes de personnes dans chaque région du monde.

Aujourd'hui, dans un monde complexe affichant une détérioration des perspectives en matière de sécurité alimentaire et de nutrition, les Directives sur le droit à l'alimentation sont plus pertinentes que jamais. Quels que soient les défis à relever à l'échelle mondiale, elles nous rappellent la nécessité d'éliminer les silos et d'adopter une approche fondée sur les droits de l'homme et axée sur les personnes, de l'élaboration de politiques au suivi, en passant par la mise en œuvre. Elles soulignent également l'importance de prioriser non seulement les besoins des plus vulnérables, mais aussi leurs droits, qui doivent être convenablement respectés au moyen de la responsabilité et de la redevabilité des détenteurs d'obligations.

Défis pressants et Directives sur le droit à l'alimentation

Si les défis particuliers abordés ci-après ont déjà considérablement évolué, ils étaient déjà pertinents il y a 15 ans, lors des discussions et négociations relatives aux Directives et de leur adoption. Compte tenu des liens étroits entre ces difficultés et les dispositions des Directives, l'expérience acquise au fil des ans en matière de mise en œuvre de mesures législatives et politiques exhaustives, dont certaines ont été présentées ci-dessus, peut aider à étayer la prise future de mesures collectives cherchant à atteindre les objectifs du Programme de développement durable à l'horizon 2030. Ces défis demandent la prise de mesures particulières pour s'éloigner du *statu quo* et se concentrer sur les personnes laissées pour compte depuis des dizaines d'années. Parmi les défis pressants traités se trouvent les systèmes alimentaires durables et l'accès aux ressources et aux marchés, ainsi que les changements climatiques et les crises prolongées.

Systèmes alimentaires durables et accès aux ressources et aux marchés

La transformation ou l'adaptation des systèmes alimentaires actuels pour répondre aux défis pressants et garantir à tous la jouissance actuelle et future de leur droit à une alimentation adéquate constituent, depuis quelques années, le sujet central des discussions mondiales sur la durabilité et la sécurité alimentaire et la nutrition. Ces débats mettent en lumière la complexité et les dynamiques à multiples facettes qui caractérisent ces systèmes, ainsi que la façon dont ils œuvrent ensemble ou isolément, ce qui pourrait gravement compromettre la disponibilité d'une nourriture suffisante. À cette fin, il est impératif de se doter d'une nouvelle vision des systèmes alimentaires, qui tienne compte non seulement de la question de l'accès à la nourriture ou aux moyens de l'obtenir, mais aussi de la nécessité d'avoir des régimes sains, acceptables sur les plans social, économique et culturel, adaptés à tous et durables pour les générations présentes et futures. Si les systèmes alimentaires sont des concepts larges et malléables, ils comportent certains éléments essentiels comme les régimes sains, les pertes et le gaspillage alimentaires, la commercialisation et les informations nutritionnelles, l'emploi décent et la protection sociale, pour n'en nommer que quelques-uns.

Les auteurs des Directives sur le droit à l'alimentation avaient déjà ces questions à l'esprit il y a 15 ans. On les y retrouve donc, par exemple dans la Directive 8E, qui traite spécifiquement de la durabilité, dans la Directive 10, qui aborde la question des régimes sains et des informations nutritionnelles, dans la Directive 8A, consacrée à l'emploi décent, et dans les Directives 13 et 14 qui examinent la protection sociale. La Directive 3.3 exhorte quant à elle les États à adopter des stratégies nationales fondées sur les droits de l'homme pouvant « traiter de tous les aspects du système alimentaire, y compris la production, la transformation, la distribution, la commercialisation et la consommation d'aliments sûrs [ainsi que] de l'accès aux ressources et aux marchés », tout en pourvoyant aux « besoins des groupes vulnérables et défavorisés, et de ceux qui sont victimes de situations particulières comme les catastrophes naturelles et les urgences »[85].

Plus précisément, le contrôle et l'accès aux ressources sont déterminants pour les moyens de subsistance de nombreuses personnes, en particulier les pauvres vivant dans des zones rurales et les peuples autochtones, et contribuent largement à la concrétisation du droit à une alimentation adéquate. Les prévisions à l'horizon 2050 suggèrent par ailleurs une raréfaction croissante des ressources naturelles pour l'agriculture. La concurrence accrue pour ces ressources pourrait entraîner leur surexploitation et leur utilisation non durable, déclenchant à leur tour la dégradation de l'environnement et l'émergence d'un cycle destructeur, où la dégradation des ressources provoquerait une concurrence de plus en plus forte pour les ressources disponibles restantes, causant une dégradation supplémentaire et diminuant ainsi l'accès à une alimentation adéquate. Compte tenu des liens étroits existant entre ces questions, cet élément apparaît comme un point

ZOOM SUR... LES VULNÉRABILITÉS LIÉES AUX SYSTÈMES ALIMENTAIRES NON DURABLES

À l'heure actuelle, personne n'est à l'abri de devenir vulnérable et dans l'incapacité de satisfaire son droit fondamental à une alimentation adéquate. Des vulnérabilités nécessitant une attention particulière touchent aujourd'hui des personnes et des groupes au sein de sociétés qui, auparavant, ne figuraient pas parmi les groupes traditionnellement reconnus comme vulnérables. Différents secteurs des sociétés actuelles sont par exemple touchés par des problèmes de nutrition caractéristiques du nouveau millénaire, comme l'obésité et le surpoids. Ces problématiques mettent en lumière le besoin d'adopter des politiques visant à juguler la hausse des maladies non transmissibles (MNT), qui ont des effets directs sur la durabilité des systèmes alimentaires et de la nutrition. Comme indiqué précédemment, l'élément d'adéquation comporte un aspect culturel essentiel, des aspects qualitatifs et quantitatifs, et des aspects liés à la durabilité et à l'accessibilité, y compris financière. L'obésité et le surpoids, les MNT et le droit à l'alimentation sont étroitement liés, ce dernier ne s'appliquant pas qu'à la sous-nutrition mais également à la suralimentation. Le contenu nutritionnel des régimes adéquats est essentiel et souligne l'obligation des États de résoudre ces problèmes afin de concrétiser le droit à l'alimentation, ainsi que d'autres droits connexes, tels que le droit à la santé, à la sécurité sociale, au travail décent et à l'éducation. Les Directives sur le droit à l'alimentation nous rappellent que les responsabilités des États se sont développées, passant de la fourniture d'un minimum de base de nourriture à la prévention de la malnutrition et de la faim à l'aide du plus grand nombre de ressources disponibles. Afin de protéger, de respecter et d'assurer la concrétisation du droit à l'alimentation, les États doivent aujourd'hui lutter contre les problèmes structurels de production, de transformation et de commercialisation de la nourriture, de façon à combattre également le surpoids et l'obésité. Les plus vulnérables ne sont plus uniquement un problème pour les seuls pays les moins développés ou en développement, mais figurent désormais parmi les principaux problèmes touchant les pays développés.

central et transversal des Directives sur le droit à l'alimentation, comme en témoignent les différentes dispositions de la Directive 8. De plus, l'accent est placé sur « les problèmes d'accès spécifiques des femmes et des groupes vulnérables, marginalisés et traditionnellement défavorisés »[86], et il est recommandé de prêter une attention particulière aux « éleveurs itinérants et peuples autochtones, et aux rapports qu'ils entretiennent avec les ressources naturelles »[87]. La Directive 4, quant à elle, contient différentes dispositions relatives aux marchés, et met par exemple l'emphase sur la non-discrimination et l'accès des personnes et communautés défavorisées aux marchés, tout en prêtant attention à l'environnement, aux biens publics et aux groupes vulnérables pouvant nécessiter une attention et des mesures particulières.

ZOOM SUR... LES VULNÉRABILITÉS LIÉES À L'ACCÈS AUX RESSOURCES ET AUX MARCHÉS

La pêche artisanale est un sous-secteur diversifié et dynamique, souvent caractérisé par les migrations saisonnières. Sur les 116 millions de personnes vivant dans les pays en développement et qui dépendent directement des chaines de valeur de la pêche commerciale pour leur subsistance, près de 32 millions de pêcheurs travaillent dans ce sous-secteur, et les femmes représentent 47 % de la main-d'œuvre totale, soit 56 millions d'emplois dans les pays en développement[88]. Les Directives sur la pêche artisanale reconnaissent que la pêche et les activités associées (avant et après la capture) sont bien plus que de simples activités de production économique. Pour de nombreux pêcheurs et leurs communautés, elles constituent un mode de vie caractérisé par une richesse culturelle unique composée de traditions et de normes ancrées dans les communautés locales et soutenant la cohésion sociale. Malgré leur importance, de nombreuses communautés de pêcheurs artisanaux continuent d'être marginalisées, et leur contribution à la sécurité alimentaire et à la nutrition, à l'éradication de la pauvreté, au développement équitable, aux ressources naturelles, à l'accès et à l'utilisation des marchés – et, plus généralement, à la durabilité des systèmes alimentaires – n'est pas entièrement reconnue.

ZOOM SUR... LES VULNÉRABILITÉS LIÉES AU CHANGEMENT CLIMATIQUE

Les aléas naturels, tels que les faibles précipitations, font que des millions de communautés vulnérables, y compris les groupes pastoraux, sont confrontées à des pénuries d'eau pour leurs bêtes, entraînant ainsi le dessèchement et le jaunissement des pâturages et la détérioration des conditions de vie du bétail; les prairies naturelles sont généralement de mauvaise qualité et peu nutritives. Cela crée des obstacles infranchissables pour l'amélioration des moyens de subsistance, l'éradication de la pauvreté et la concrétisation du droit à l'alimentation. Pratiqué dans plus de 75 % des pays, le pastoralisme contribue de façon considérable à la sécurité alimentaire et à la concrétisation du droit à une alimentation adéquate[89]. En Afrique de l'Est, par exemple, il offre un appui direct à quelque 20 millions de personnes, représentant 90 % de la production de viande dans la région et 80 % de la production totale de lait en Éthiopie. En tant que tel, le pastoralisme apporte une valeur ajoutée importante pour les économies locales et nationales. Pourtant, les communautés pastorales se heurtent à de nombreuses difficultés. L'élimination de ces obstacles suppose la mise en place de systèmes de protection sociale efficaces, qui sont aujourd'hui devenus un outil important de réduction de la faim dans plus de 100 pays. Selon les estimations, ces systèmes auraient empêché 150 millions de personnes, à l'échelle de la planète, de basculer dans la pauvreté extrême. La protection sociale ne peut résoudre à elle seule le problème. Des solutions peuvent être adaptées pour répondre aux besoins spécifiques d'un groupe vulnérable en particulier. Dans ce cas précis, par exemple, il est possible de citer l'accès aux ressources naturelles et aux marchés, la mise en place de services, tels que l'éducation et la santé, adaptés au mode de vie nomade, et, plus généralement, la reconnaissance des droits.

Changement climatique et crises prolongées

Le changement climatique a des répercussions profondes sur les moyens de subsistance et la capacité des personnes à jouir, entre autres droits humains de base, de leur droit à une alimentation adéquate. À moins que des mesures exhaustives et déterminantes ne soient prises de concert pour lutter contre ses effets multisectoriels et transformer les systèmes alimentaires de façon durable – tout en tenant compte du fait que près de 2,5 milliards de personnes dépendent de l'agriculture pour subvenir à leurs besoins – il continuera d'aggraver les pressions exercées sur la production alimentaire, de limiter la disponibilité alimentaire, d'entraver l'accès à une alimentation adéquate et de perturber les moyens de

ZOOM SUR... LES VULNÉRABILITÉS LIÉES AUX CRISES PROLONGÉES: LES DÉPLACEMENTS INTERNES

Les déplacements internes font rarement l'objet d'actions de développement durable et à long terme visant à concrétiser le droit fondamental à un niveau de vie suffisant, forçant ainsi souvent les personnes à rester tributaires de l'aide humanitaire pendant des années. Les déplacés internes ne font pas uniquement l'objet de mesures dans le cadre de crises prolongées ; leur situation désespérée constitue avant tout un défi politique et de développement reliant différentes questions relatives aux droits humains facilement reflétées dans de nombreux ODD comme la pauvreté, la faim et la malnutrition, la santé, l'éducation, le genre, l'eau, l'assainissement, le travail décent, les inégalités, l'action climatique, la paix, la justice et les institutions fortes, pour n'en citer que quelques-unes. Des dizaines de millions de déplacés internes vivent en dessous des seuils de pauvreté, et ne devraient pas avoir à attendre qu'un conflit soit totalement résolu ou que toutes les conséquences d'une catastrophe aient cessé avant de pouvoir reconstruire leur vie conformément aux normes fondamentales en matière de dignité et de droits de l'homme[90].

LE SAVIEZ-VOUS ?

La Directive 19 des Directives sur le droit à l'alimentation exhorte les États à « applique[r] les mesures et respecte[r] les actions et les engagements concernant les perspectives internationales [...], à l'appui de l'application des Directives volontaires [sur le droit à l'alimentation] ». Les Directives poursuivent dans la Section III en « soulignant que les initiatives nationales de développement devaient être sous-tendues par un environnement international porteur, la communauté internationale et le système des Nations Unies, notamment la FAO et d'autres institutions et organes concernés, aux termes de leur mandat, sont expressément invités à prendre des mesures à l'appui des initiatives nationales de développement axées sur la concrétisation progressive du droit à une alimentation adéquate dans le contexte de la sécurité alimentaire nationale ». Le rôle essentiel de la coopération internationale est bien reconnu et énoncé dans l'article 56 de la Charte des Nations Unies, qui dispose que « les Membres s'engagent, en vue d'atteindre les buts énoncés à l'article 55, à agir, tant conjointement que séparément, en coopération avec l'Organisation ». L'article 55 est pertinent pour les Directives sur le droit à l'alimentation, car il montre l'engagement de la communauté internationale à promouvoir:

- Le relèvement des niveaux de vie, le plein emploi et des conditions de progrès et de développement dans l'ordre économique et social;
- La solution des problèmes internationaux dans les domaines économique, social, de la santé publique et autres problèmes connexes;
- La coopération internationale dans les domaines de la culture intellectuelle et de l'éducation; et
- Le respect universel et effectif des droits de l'homme et des libertés fondamentales pour tous, sans distinction de race, de sexe, de langue ou de religion.

Ces points constituent également un facteur important au sein des ODD, qui exhortent tous les pays à prendre leurs responsabilités et à travailler ensemble pour fournir les fonds et la coopération nécessaires pour atteindre les cibles à l'horizon 2030.

ENCADRÉ 10. MESURES, ACTIONS ET ENGAGEMENTS INTERNATIONAUX

Au fil des ans, plusieurs politiques de coopération au développement, telles que celles présentées ci-dessous, ont fait preuve d'un engagement et d'un soutien fermes en faveur de la concrétisation progressive du droit à l'alimentation[1]:

Ces dernières années, le Gouvernement du **Brésil** a été fortement impliqué dans la coopération triangulaire Sud-Sud favorable à la concrétisation du droit à une alimentation adéquate. L'Agence brésilienne de coopération (ABC) a dirigé les efforts de mise en place de «programmes durables d'alimentation scolaire dans le contexte du droit à l'alimentation» dans des dizaines de pays, en se fondant sur sa propre expérience nationale, consolidée au cours de plusieurs décennies. Les efforts s'articulent autour de différents axes, dont une forte coordination entre les secteurs du gouvernement, le renforcement des capacités institutionnelles, la création de cadres juridiques propices et la «garantie de la disponibilité des cantines scolaires en tant que droit humain, sociopolitique et étatique»[2].

L'Agence danoise de développement international (DANIDA) est un programme d'aide humanitaire et au développement mis en place par le Ministère des affaires étrangères du **Danemark**, conformément à la stratégie du Gouvernement en matière de coopération au développement et aux priorités nationales d'aide au développement. À travers DANIDA, le Gouvernement danois axe son aide au développement sur quatre domaines stratégiques prioritaires: les droits humains et la démocratie, la croissance verte, les progrès sociaux et la stabilité, et la protection. DANIDA s'engage à employer une approche du développement fondée sur les droits humains ainsi qu'à être un partenaire fort, fiable, actif et engagé en faveur des plus pauvres[3].

L'**Union européenne** (UE) s'est fermement engagée à intégrer les principes des droits humains dans ses activités opérationnelles en faveur du développement, ainsi qu'à mettre en œuvre, dans le cadre de sa coopération au développement, une approche fondée sur les droits de l'homme englobant l'ensemble des droits. En particulier, dans son nouveau Plan d'action en faveur des droits de l'homme et de la démocratie pour la période 2015-2019, l'UE réaffirme cet engagement à l'aide de mesures spécifiques visant à intégrer une approche fondée sur les droits dans tous ses instruments et activités de développement[4]. Enfin, l'engagement en faveur de la protection des droits économiques, sociaux et culturels (DESC) a été renforcé par la stratégie 2014-2020 de l'Instrument européen pour la démocratie et les droits de l'homme (EIDHR), qui mentionne expressément la promotion des droits économiques, sociaux et culturels, y compris le droit à un niveau de vie suffisant et des normes fondamentales du travail[5].

La **Finlande** s'est dotée d'une politique internationale explicite en matière de droits de l'homme, qui poursuit l'objectif d'éradiquer la discrimination et de renforcer l'ouverture et l'inclusion. Sa politique cible spécifiquement les DESC, y compris le droit à l'alimentation, et s'attache à les placer sur un pied d'égalité avec les droits civils et politiques. Dans la sphère de la coopération internationale, la Finlande considère qu'il est important de promouvoir la mise en œuvre des DESC et, surtout, de veiller à garantir l'absence de discrimination, de façon à donner aux personnes désavantagées les mêmes chances de bénéficier d'une éducation, de services de santé et de l'emploi. La Finlande souhaite voir le plus grand nombre d'États ratifier le Protocole facultatif se rapportant au Pacte international relatif aux droits économiques, sociaux et culturels, qui prévoit que des déclarations peuvent être soumises par ou au nom d'individus ou groupes d'individus. Enfin, le gouvernement finlandais a intégré dans sa politique un projet pilote de sécurité alimentaire visant à renforcer les droits de l'homme à travers l'interaction des politiques[6].

La politique de coopération et d'aide au développement de la **France** constitue un levier pour sa diplomatie en faveur de la promotion des droits humains. La stratégie interministérielle Droits humains et développement a ainsi pour ambition de formaliser le cadre de l'action française d'appui au respect, à la protection et à la réalisation des droits humains via la coopération. Conformément au nouveau consensus européen pour le développement, elle vise également à intégrer l'approche fondée sur les droits humains (AFDH) dans l'ensemble des actions de coopération au développement menées par la France[7].

Le Ministère fédéral de la coopération économique et du développement de l'**Allemagne** (GIZ) affirme accorder un soutien inconditionnel aux personnes de ses pays partenaires dans l'expression et l'affirmation de leurs droits et intérêts. Son travail sur le terrain en matière de droits humains est varié et cible des groupes vulnérables spécifiques[8]. Le Programme de développement durable à l'horizon 2030 est le cadre général qui guide le travail du **GIZ**, qui fournit des conseils aux pays en matière de mise en œuvre de leurs objectifs, fixés dans le cadre dudit Programme. Ce dernier fait partie intégrante des phases de planification, d'exécution et de suivi de tous les nouveaux projets du GIZ, et cinq principes ont été tirés

ENCADRÉ 10. SUITE

de ce cadre, dont les principes de redevabilité et d'universalité, et la nécessité de ne pas faire de laissés-pour-compte. On retrouve parmi les valeurs du GIZ le plaidoyer en faveur du respect des droits humains, l'égalité des chances et l'intégritéd[9].

Ces dernières années, dans le cadre de la coopération Sud-Sud et triangulaire, le Gouvernement mexicain a soutenu activement les efforts mondiaux et régionaux déployés en vue de faire avancer la concrétisation du droit à une alimentation adéquate. Le **Mexique**, et plus spécifiquement son Agence de coopération internationale (AMEXCID)[10], est l'un des moteurs de « La Méso-Amérique libérée de la faim », un programme qui aspire à atteindre l'ODD 2 et propose « des solutions de développement innovantes pour garantir des conditions de vie décentes aux populations les plus vulnérables » grâce à une approche fondée sur les droits de l'homme[11]. Le pays a en outre joué un rôle déterminant dans le soutien et le renforcement de la mission et de l'impact des parlementaires dans la lutte contre la faim, notamment grâce à son appui aux efforts régionaux des Fronts parlementaires contre la faim en Amérique latine et aux Caraïbes[12].

Ces dernières années, la coopération au développement du Gouvernement des **Pays-Bas** s'est organisée autour de thématiques pour lesquelles les ressources, les connaissances et l'expertise néerlandaises peuvent faire la différence, telles que la sécurité alimentaire, l'eau, la santé et les droits sexuels et reproductifs, la sécurité et l'État de droit, les droits des femmes et l'égalité des sexes, le climat, et le développement du secteur privé. Les Pays-Bas œuvrent aussi pour renforcer la société civile dans les pays en développement et fournir une aide humanitaire. La politique néerlandaise de coopération au développement, fondée sur les ODD qui forment ses principes directeurs, vise à prévenir les conflits et l'instabilité, réduire la pauvreté et les inégalités sociales et promouvoir la croissance durable et l'action climatique partout dans le monde[13].

La coopération au développement de la **Norvège** se fonde sur une approche intégrée de la politique étrangère et de développement du pays. Elle est conçue pour promouvoir le développement économique, le processus de démocratisation, la mise en œuvre des droits humains, la bonne gouvernance et les mesures garantissant la sortie définitive de la pauvreté. La priorité est donnée à l'éducation, à l'assistance humanitaire, à la santé et à la vaccination, au développement du secteur privé, à l'adaptation et à l'atténuation du changement climatique et aux droits humains. En juin 2019, le Gouvernement a lancé un nouveau plan d'action – Consommation alimentaire, humanité et environnement – pour promouvoir les systèmes alimentaires durables dans le contexte de la politique norvégienne étrangère et de développement pour la période 2019-2023[14].

En **Espagne,** l'Agence espagnole de coopération internationale au développement (AECID) a été créée pour assurer le plein exercice du développement en tant que droit humain fondamental, consolidé notamment grâce à la lutte contre la pauvreté. À cette fin, l'Agence met l'accent sur trois éléments transversaux: l'égalité entre les genres, la qualité environnementale et le respect de la diversité culturelle, conformément au nouveau Programme de développement durable à l'horizon 2030 adopté en 2015. La vision de l'AECID, définie dans son Plan stratégique 2014-2017, se fonde sur la contribution de l'Agence à l'obtention de résultats en matière de développement favorisant la réduction de la pauvreté, la cohésion sociale et l'égalité des droits dans les pays partenaires; l'accessibilité et la protection des droits fondamentaux des populations victimes de crises humanitaires; la construction d'une société consciente de l'importance du développement. Au fil des ans, l'AECID a nettement contribué au renforcement du rôle joué par des acteurs clés dans les efforts visant à concrétiser le droit à une alimentation adéquate, en appuyant notamment la création et le développement des Fronts parlementaires contre la faim en Amérique latine et aux Caraïbes en 2009 et de l'Observatoire sur le droit à l'alimentation pour l'Amérique latine et les Caraïbes en 2011[15].

Le Gouvernement de la **Suède** a adopté une nouvelle stratégie de protection des droits de l'homme, de la démocratie et de l'État de droit, qui s'appliquera à la coopération suédoise au développement entre 2018 et 2022. L'objectif général de cette stratégie est de contribuer à bâtir des sociétés démocratiques sûres, justes et inclusives qui protègent et respectent l'égalité des droits pour tous. Cette stratégie couvre les fonds attribués dans les orientations de dotation de l'Agence suédoise de coopération internationale au développement (Asdi) et de l'Académie Folke Bernadotte pour chaque année fiscale[16]. L'Asdi est également régie par d'autres stratégies thématiques, qui soutiennent la réalisation du droit à l'alimentation en ciblant l'égalité entre les genres et les droits des femmes et des filles, ainsi que la durabilité en matière environnementale, de développement social, de protection du climat et des océans, d'utilisation des ressources naturelles et de paix[17].

INFOGRAPHIE 4. DÉFIS GLOBAUX QUI NUISENT AU DROIT À UNE ALIMENTATION ADÉQUATE

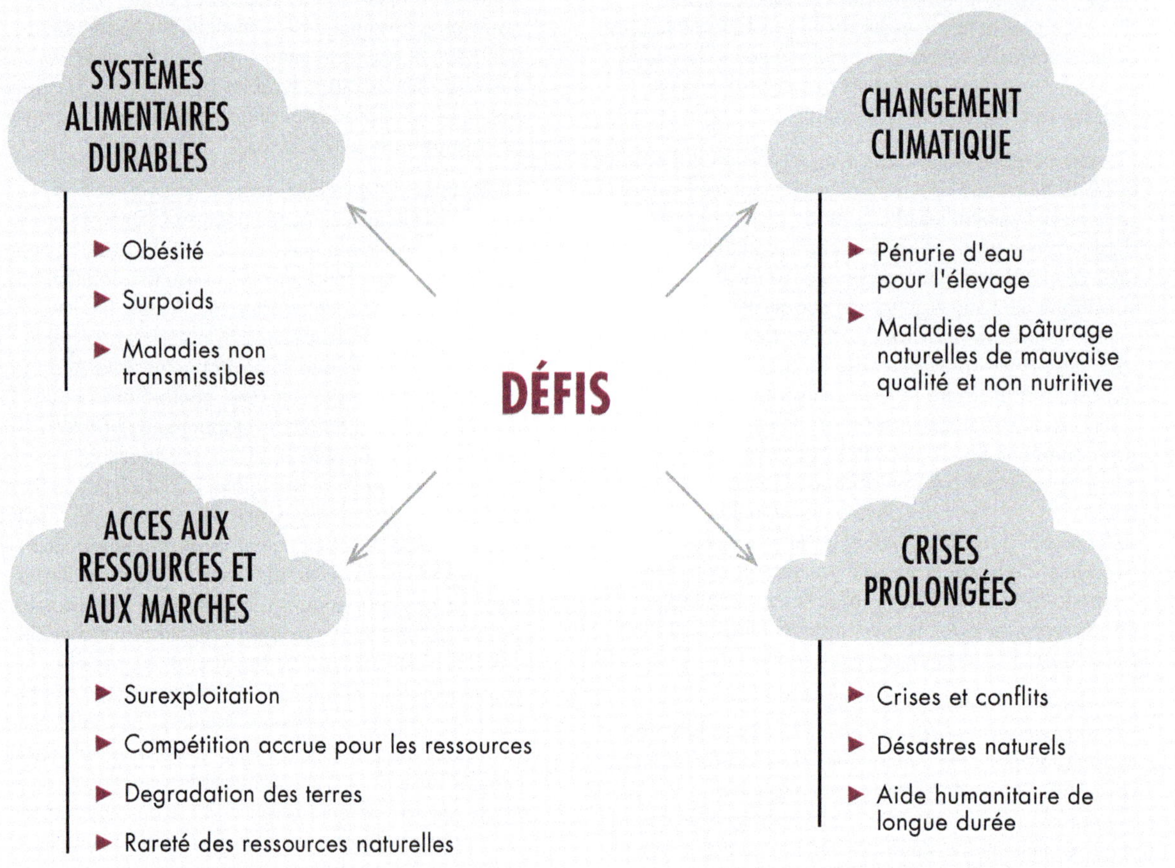

subsistance des communautés, en particulier des plus vulnérables, nous éloignant ainsi davantage encore de la concrétisation du droit à une alimentation adéquate.

Si les principaux instruments mondiaux adoptés depuis des dizaines d'années traitent, à des degrés divers, de l'interdépendance entre le changement climatique et la concrétisation du droit à une alimentation adéquate, ces questions sont toutefois rarement abordées conjointement. Les Directives sur le droit à l'alimentation permettent de mener des actions conjointes. Elles traitent de ce défi pressant à plusieurs reprises, par exemple dans la Directive 3, où il constitue un domaine prioritaire des stratégies nationales, et, plus spécifiquement, dans la Directive 16.

En parallèle, les crises prolongées dues aux conflits, à l'instar de celles issues de catastrophes naturelles et du changement climatique, peuvent détruire les moyens de subsistance, et compromettre ainsi gravement la jouissance du droit à une alimentation adéquate tout en concourant à la faim, à la pauvreté et aux migrations forcées. C'est particulièrement vrai dans les zones rurales, où la plupart des moyens de subsistance dépendent de l'agriculture et de l'accès ou de la possession de ressources naturelles. Les Directives sur le droit à l'alimentation traitent de différents aspects centraux liés aux crises prolongées et aux conflits: c'est le cas notamment de la Directive 15 et des dispositions de la Section III, paragr. 13 consacrées aux questions d'aide alimentaire internationale, et de la Directive 16, qui rappelle les obligations des États en cas de survenue de tels phénomènes. Conformément aux orientations fournies par cet instrument international, le droit à l'alimentation a été intégré dans les cadres stratégiques relatifs à l'assistance alimentaire et à la prévention des crises alimentaires relevant d'accords, de politiques et de normes internationales adoptés ces dix dernières années. La Convention relative à l'assistance alimentaire et la Charte révisée pour la prévention et la gestion des crises alimentaires au Sahel et en Afrique de l'Ouest, toutes deux adoptées en 2012, constituent deux bons exemples.

Relever les défis et exploiter les synergies: des Directives sur le droit à l'alimentation aux ODD

C'est un fait désormais bien établi que la réalisation des ODD nécessite un ensemble coordonné d'actions sur plusieurs fronts, y compris des politiques et programmes cohérents et alignés sur les priorités nationales, et une collaboration plus étroite entre différents secteurs et parties prenantes, tels que les OSC, les consommateurs et le secteur privé. Les Directives sur le droit à l'alimentation fournissent des orientations directes pour inciter les États à aller toujours plus loin et à établir les liens nécessaires entre les différents éléments du paradigme du développement, trop souvent gérés séparément et qui doivent, aujourd'hui plus que jamais, être pris en compte dans le cadre d'une stratégie globale. Si les défis susmentionnés étaient déjà d'actualité lors de l'adoption des Directives sur le droit à l'alimentation en 2004, leur caractère urgent et leur complexité ont énormément progressé depuis, pour diverses raisons. Il en va de même pour la quantité d'informations et de recommandations sur les manières de relever chacun d'entre eux individuellement. Ils constituent tous des problèmes centraux que les ODD s'attachent à résoudre, même si ces derniers ne reconnaissent pas toujours les liens qui les unissent et encouragent parfois des solutions isolées pour les surmonter. Ce point est fondamental, puisque le monde entier doit s'engager et les relever compte tenu du fait que tous ses habitants, sans exception, sont touchés. Examinons comment les Directives sur le droit à l'alimentation peuvent contribuer davantage à la réalisation des ODD.

La Directive 2.4, selon laquelle « Il convient que les États envisagent d'adopter une approche globale et exhaustive de la lutte contre la faim et la pauvreté »[91], constatait déjà l'existence d'une relation intrinsèque entre l'ODD 2 et l'ODD 1. Les Directives sur le droit à l'alimentation, de même que l'expérience acquise au fil des ans grâce à leur mise en œuvre, peuvent donc contribuer de façon déterminante aux efforts déployés en faveur de la réalisation des ODD. Deux de leurs principes généraux, la non-discrimination et l'autonomisation, pourraient s'avérer utiles à cette fin. Citons par exemple la **cible 10.2** des ODD, qui appelle les intervenants à « autonomiser toutes les personnes et favoriser leur intégration sociale, économique et politique, indépendamment de leur âge, de leur sexe, de leur handicap, de leur race, de leur appartenance ethnique, de leurs origines, de leur religion ou de leur statut économique ou autre »[92], la **cible 10.3** des ODD, qui s'attache à « [a]ssurer l'égalité des chances et réduire l'inégalité des résultats, notamment en éliminant les lois, politiques et pratiques discriminatoires et en promouvant l'adoption de lois, politiques et mesures adéquates en la matière »[93], ou encore la **cible 16.b** qui insiste sur la nécessité de « [p]romouvoir et appliquer des lois et politiques non discriminatoires pour le développement durable »[94].

Un élément important à prendre en compte lors de l'examen des ODD et de leurs cibles est que ces objectifs, issus de la Résolution A/RES/70/1 de l'Assemblée générale des Nations Unies, sont guidés par les buts et principes énoncés dans la Charte des Nations Unies, notamment le plein respect du droit international[95]. Les Directives sur le droit à l'alimentation mentionnent également, comme fondement à leur existence, la Charte des Nations Unies, et plus précisément ses articles 55 et 56[96]. Les ODD sont par ailleurs fondés sur la Déclaration universelle des droits de l'homme, les traités internationaux de protection des droits de l'homme, la Déclaration du Millénaire et le Document final du Sommet mondial de 2005, qui ont tous servi également de base, à l'exception du dernier, aux Directives sur le droit à l'alimentation[97]. Les principes d'égalité et de non-discrimination, de participation et de transparence, de dignité humaine et d'autonomisation, de redevabilité et d'État de droit, que l'on retrouve tout le long des Directives sur le droit à l'alimentation, doivent également guider les processus du Programme de développement durable à l'horizon 2030. Enfin, ce dernier encourage les États à lutter contre les obstacles structurels qui exacerbent et perpétuent la discrimination, l'exclusion et la marginalisation, en concentrant leurs efforts sur les laissés-pour-compte, ce qui n'est pas sans rappeler l'accent mis par les Directives sur le droit à l'alimentation sur les groupes marginalisés et vulnérables.

Systèmes alimentaires durables et accès aux ressources et aux marchés

Comme nous l'avons vu, les systèmes alimentaires durables comprennent bon nombre d'éléments importants pour la concrétisation du droit à une alimentation adéquate, que l'on retrouve à la fois dans les Directives sur le droit à l'alimentation, comme observé précédemment, et dans plusieurs ODD et leurs cibles. La **cible 2.4** des ODD, étroitement liée à l'action climatique, tout comme la Directive 8E relative à la durabilité, appelle à « assurer la viabilité des systèmes de production alimentaire et mettre en œuvre des pratiques agricoles résilientes qui permettent d'accroître la productivité et la production, contribuent à la préservation des écosystèmes, renforcent les capacités d'adaptation aux changements climatiques, aux phénomènes météorologiques extrêmes, à la sécheresse, aux inondations et à d'autres catastrophes et améliorent progressivement la qualité des terres et des sols »[98].

L'**ODD 12** s'accompagne de nombreuses cibles spécifiques, portant sur la consommation et la production durable ou encore sur la gestion et l'utilisation durables des ressources naturelles. Plus précisément, la **cible 12.3 des ODD** vise à « réduire de moitié à l'échelle mondiale le volume de déchets alimentaires par habitant au niveau de la distribution comme de la consommation et réduire les pertes de produits alimentaires tout au long des chaînes de production et d'approvisionnement, y compris les pertes après récolte »[99]. Tout aussi importante pour les régimes et modes de vie durables, la **cible 12.8 des ODD** vise à « faire en sorte que toutes les personnes, partout dans le monde, aient les informations et connaissances nécessaires au développement durable et à un style de vie en harmonie avec la nature »[100], rappelant les éléments clés des Directives 10 et 11.

LE SAVIEZ-VOUS ?

Les pertes et le gaspillage alimentaires touchent un tiers de la production alimentaire mondiale, et représentent 8 à 10 % des émissions totales de gaz à effet de serre des systèmes alimentaires[101]. Leur atténuation pourrait sensiblement contribuer aux efforts de concrétisation du droit à une alimentation adéquate, tout en réduisant les impacts des systèmes alimentaires sur l'environnement[102]. L'avant-projet actuel de Directives volontaires sur les systèmes alimentaires et la nutrition du CSA élève les pertes et du gaspillage alimentaires[103] au rang de domaine politique d'intervention central pour améliorer la durabilité des systèmes alimentaires et de la nutrition. Il est important de rappeler que cet avant-projet s'inspire du Rapport no 8 « Pertes et gaspillages de nourriture dans un contexte de systèmes alimentaires durables » du Groupe d'experts de haut niveau[104] et des Recommandations politiques « Pertes et gaspillages de nourriture dans le contexte de systèmes alimentaires durables »[105] approuvées ultérieurement par la 41e session du CSA, qui recommandent à l'ensemble des parties prenantes:

- D'améliorer la collecte de données et le partage de connaissances sur les pertes et gaspillages de nourriture;
- D'élaborer des stratégies efficaces de réduction des pertes et gaspillages de nourriture;
- De prendre des mesures efficaces pour réduire les pertes et gaspillages de nourriture; et
- D'améliorer la coordination des politiques, des stratégies et des initiatives afin de réduire les pertes et gaspillages de nourriture.

Comme vu précédemment dans la Directive 8, l'emploi décent est central pour assurer la capacité des personnes à jouir de leur droit à une alimentation adéquate. Ce n'est pas par hasard si le droit à un emploi décent est étroitement lié au droit à une alimentation adéquate dans les instruments internationaux. À ce propos, la **cible 8.5 des ODD** exhorte les intervenants à « parvenir au plein emploi productif et garantir à toutes les femmes et à tous les hommes, y compris les jeunes et les personnes handicapées, un travail décent et un salaire égal pour un travail de valeur égale »[106], qui contribueraient grandement à l'éradication de la faim.

Compte tenu de l'importance de l'éducation pour garantir des changements positifs permettant de relever les principaux défis mondiaux – y compris le droit à une alimentation adéquate, comme le reconnaît la Directive 11 –, la **cible 4.7 des ODD** vise à « faire en sorte que tous les élèves acquièrent les connaissances et compétences nécessaires pour promouvoir le développement durable, notamment par l'éducation en faveur du développement et de modes de vie durables, des droits de l'homme, de l'égalité des sexes (...) »[107].

La **cible 1.3 des ODD** exhorte les États à mettre en place « des systèmes et mesures de protection sociale pour tous (...), y compris des socles de protection sociale, et faire en sorte que, d'ici à 2030, une part importante des pauvres et des personnes vulnérables en bénéficient »[108], s'appuyant ainsi sur les nombreux éléments de la Directive 14.

En ce qui concerne l'accès aux ressources, pour lequel la Directive 8.1 indique qu'« il convient que les États favorisent un accès durable, non discriminatoire et garanti aux ressources et la possibilité de les exploiter, conformément à la législation nationale et au droit international, et protègent les moyens de production grâce auxquels les populations assurent leur subsistance. Il convient que les États respectent et protègent les droits des particuliers concernant des ressources telles que la terre, l'eau, les forêts, les pêches et le bétail et ce, sans aucune discrimination »[109], la **cible 2.3 des ODD** insiste sur l'importance de ce point pour atteindre la Faim Zéro lorsqu'elle mentionne la nécessité de « doubler la productivité agricole et les revenus des petits producteurs alimentaires, en particulier les femmes, les autochtones, les exploitants familiaux, les éleveurs et les pêcheurs, y compris en assurant l'égalité d'accès aux terres, aux autres ressources productives et intrants, au savoir, aux services financiers, aux marchés et aux possibilités d'ajout de valeur et d'emploi autres qu'agricoles »[110].

Enfin, la **cible 1.4 des ODD** renforce la **cible 2.3 des ODD**, en ajoutant une strate fondamentale pour la concrétisation du droit à une alimentation adéquate et en insistant sur la nécessité de « faire en sorte que tous les hommes et les femmes, en particulier les pauvres et les personnes vulnérables, aient les mêmes droits aux ressources économiques et qu'ils aient accès aux services de base, à la propriété foncière, au contrôle des terres et à d'autres formes de propriété, à l'héritage, aux ressources naturelles et à des nouvelles technologies et des services financiers »[111].

Changement climatique et crises prolongées

L'un des objectifs majeurs des Directives sur le droit à l'alimentation consiste à mettre en place l'environnement qui permet d'aider les personnes à jouir de leur droit à une alimentation adéquate dans la dignité. L'une de ses composantes réside dans le renforcement de la résilience des communautés et des peuples. La **cible 1.5 des ODD**, qui évoque le besoin de « renforcer la résilience des pauvres et des personnes en situation vulnérable et [de] réduire leur exposition aux phénomènes climatiques extrêmes et à d'autres chocs et catastrophes d'ordre économique, social ou environnemental et leur vulnérabilité »[112], s'avère particulièrement pertinente compte tenu des effets dévastateurs que peuvent avoir les changements climatiques sur la concrétisation du droit à une alimentation adéquate. Par ailleurs, la **cible 13.2 des ODD** exhorte les États à « incorporer des mesures relatives aux changements climatiques dans les politiques, les stratégies et la planification nationales »[113], fournissant ainsi une base solide aux actions alignées sur la mise en œuvre des Directives sur le droit à l'alimentation, qui appellent dans la Directive 3.1 à l'adoption d'une « stratégie nationale fondée sur les droits de l'homme [...] intégr[ée] dans des stratégies nationales de développement transcendant toutes les autres », des stratégies qui, selon la Directive 3.9, reposent « sur la transparence, soient globales et complètes [et] intègrent les politiques, programmes et projets nationaux »[114].

De plus, la Convention-cadre des Nations Unies sur les changements climatiques (CCNUCC) et l'Accord de Paris sont présentés comme deux documents centraux pour l'atteinte des objectifs de l'ODD 13. La première a pour objectif de « stabiliser [...] les concentrations de gaz à effet de serre dans l'atmosphère à un [certain] niveau [...] dans un délai suffisant pour que [...] la production alimentaire ne soit pas menacée »[115], tandis que l'Accord de Paris reconnaît « la priorité fondamentale consistant à protéger la sécurité alimentaire et à venir à bout de la faim, et la vulnérabilité particulière des systèmes de production alimentaire aux effets néfastes des changements climatiques »[116]. En parallèle, le Travail conjoint de Koronivia sur l'agriculture, adopté lors de la Conférence des Nations Unies sur les changements climatiques (COP 23), en 2017, insiste sur le rôle clé de l'agriculture et de la sécurité alimentaire dans le programme international de lutte contre les changements climatiques et prévoit des actions communes dans six domaines, y compris les dimensions socio-économique et relative à la sécurité alimentaire du changement climatique dans le secteur agricole[117]. Les Directives sur le droit à l'alimentation contiennent de nombreuses autres dispositions pertinentes, par exemple la Directive 8.13: « Il convient que les États envisagent d'adopter des politiques, des instruments juridiques et des mécanismes d'appui nationaux spécifiques visant à protéger la durabilité écologique et le potentiel des écosystèmes, en vue de garantir aux générations actuelles et futures la possibilité d'assurer une production alimentaire durable accrue, de prévenir la pollution des ressources hydriques, de protéger la fertilité des sols et de promouvoir une gestion durable des pêches et des forêts »[118].

Les crises prolongées, en raison desquelles une part importante de la population est particulièrement vulnérable à la mort, à la maladie et au bouleversement des moyens de subsistance pendant une période prolongée, sont étroitement liées aux effets du changement climatique. Si chaque crise est différente, l'on retrouve parmi les causes récurrentes des facteurs anthropiques et naturels, qui entraînent la violation du droit à une alimentation adéquate, l'effondrement des moyens de subsistance et des systèmes alimentaires, et l'affaiblissement de la gouvernance et des capacités institutionnelles[119]. Il va sans dire que les crises prolongées ont des répercussions majeures sur la réalisation des ODD, et en particulier des ODD 1 et 2.

Agir pour améliorer la cohérence

Outre l'interdépendance entre les ODD et leurs fondements, que l'on retrouve notamment dans des instruments internationaux majeurs de protection des droits humains, il existe plusieurs solutions pour renforcer et améliorer la cohérence entre les processus législatifs et politiques visant à lutter contre les principaux obstacles à la concrétisation du droit à une alimentation adéquate, à savoir les difficultés relatives aux systèmes alimentaires durables, à l'accès aux ressources, au changement climatique et aux crises prolongées. À cette fin, les Directives sur le droit à l'alimentation et l'expérience acquise au cours des 15 années de leur mise en œuvre peuvent offrir un lien et un cadre précieux aux actions décisives conduisant à la réalisation des objectifs du Programme de développement durable à l'horizon 2030, y compris celui de la **cible 17.14 des ODD**, qui appelle les parties prenantes à « [r]enforcer la cohérence des politiques de développement durable »[120].

De plus, comme réaffirmé lors du récent Colloque international sur l'avenir de l'alimentation, « les dispositifs institutionnels doivent être renforcés à l'échelle internationale et nationale, de façon à garantir une meilleure cohérence des politiques et actions encourageant la bonne gouvernance à tous les niveaux ». Les mesures citées à cette fin comprennent: «i) des politiques nationales cohérentes accompagnées d'objectifs explicites sur le plan de la nutrition; ii) des dispositifs institutionnels améliorés pour assurer une coopération multisectorielle efficace; iii) la mobilisation de partenaires pour créer et maintenir un environnement inclusif propice à l'amélioration de la nutrition; iv) la facilitation d'une mise en œuvre efficace à tous les niveaux; v) des efforts concertés pour encourager la conception, la mise en œuvre et le suivi efficaces des actions à différents niveaux; vi) l'évaluation publique régulière et systématique des progrès pour améliorer la redevabilité, l'efficacité et l'utilisation des ressources; et vii) un appui aux gouvernements pour permettre aux autorités nationales de formuler et mettre en œuvre leurs propres politiques et stratégies nationales»[121]. ■

©FAO/GMB Akash

Conclusions tournées vers l'avenir

Lors de la rédaction des Directives sur le droit à l'alimentation, il y a 15 ans, bon nombre des questions pressantes pour la concrétisation du droit à une alimentation adéquate étaient comparables à celles auxquelles nous nous heurtons aujourd'hui. Le nombre d'éléments de cet instrument international ayant été intégrés au Programme mondial actuel de développement durable n'est donc pas surprenant. Ces 15 dernières années, des pays du monde entier – aux histoires et réalités très différentes – ont mis en pratique les composantes des Directives et adopté des mesures importantes et innovantes pour traiter certaines des causes sous-jacentes faisant obstacle à la concrétisation pleine et entière du droit à une alimentation adéquate. L'ensemble de mesures législatives, politiques et institutionnelles présentées dans les pages précédentes ne représente en aucun cas la somme et la complexité des actions menées pour promouvoir le droit à l'alimentation dans le monde. Néanmoins, et comme l'établit fermement le Programme de développement durable à l'horizon 2030, il reste encore beaucoup à faire pour répondre à certains des défis les plus pressants du XXIe siècle et les surmonter, en particulier la faim et la malnutrition. Grâce à la grande expérience acquise au cours des 15 dernières années et compte tenu de leur pertinence inhérente pour traiter certaines des composantes les plus fondamentales et les plus pressantes du cadre mondial d'action en vigueur, les Directives sur le droit à l'alimentation pourront, dans les années à venir, contribuer de façon positive et décisive à ces efforts. Dans cette optique, voici quelques messages politiques issus de 15 années de mise en œuvre des Directives sur le droit à l'alimentation, qui devraient aider à orienter les actions futures:

Il convient de fonder l'analyse, l'information et le suivi sur des données probantes pour renforcer la redevabilité et assurer la concrétisation progressive du droit à une alimentation adéquate et la réalisation des ODD

La réalisation des ODD passe nécessairement par l'adoption d'actes législatifs et de mesures politiques. La recherche de données probantes pour les étayer, le suivi de leur évolution et l'identification de leurs lacunes sont toutefois, eux aussi, indispensables pour garantir leur efficacité et leur alignement sur les objectifs et cibles définis, et donc la concrétisation progressive du droit à une alimentation adéquate pour tous. Les indicateurs, cibles et données de référence suivis à l'aide de mécanismes adaptés et efficaces sont essentiels pour combler les lacunes et mieux ajuster les actions entreprises pour assurer l'atteinte des ODD.

Les connaissances et l'accès à l'information aideront les détenteurs de droits à jouir pleinement de leur droit de se nourrir adéquatement et dans la dignité

Les efforts déployés à l'échelle mondiale ne doivent plus se contenter de viser le simple droit *d'être à l'abri de la faim*, mais cibler la notion globale de droit à une alimentation adéquate, et en particulier sa composante relative au caractère adéquat. Les connaissances et l'accès à l'information sont essentiels pour aider les personnes à connaître l'étendue de leurs droits et à être en mesure de faire des choix sains. Il est important, pour garantir le droit à une alimentation adéquate, d'inclure non seulement l'accès à une nourriture nutritive et suffisante ou saine, mais également l'accès à une alimentation adéquate selon différentes perspectives et dimensions assurant la durabilité, outre les facteurs culturels, sociaux, économiques, climatiques et écologiques, entre autres dimensions.

La mise en œuvre intégrale du Programme de développement durable à l'horizon 2030 impose à tous les partenaires de déployer des efforts multipartites

Si les mesures audacieuses et déterminantes prises par les acteurs traditionnels engagés dans les processus politiques relatifs au droit à une alimentation adéquate sont justifiées pour atteindre les ODD, d'autres protagonistes importants pour les systèmes alimentaires, parmi lesquels figurent la société civile, les associations de consommateurs, les médias et le secteur privé, doivent jouer un rôle plus important. Les problèmes mondiaux en constante évolution pesant sur les systèmes alimentaires durables nécessitent une participation active et une contribution positive de la part de ces intervenants, qui façonnent et influencent de façon décisive les processus politiques influant sur les efforts entrepris pour atteindre les ODD. La création d'espaces de dialogue multipartite peut faciliter la mobilisation et la coopération au sein d'un groupe restreint pour répondre à des questions spécifiques.

Les Directives sur le droit à l'alimentation favorisent la cohérence des politiques fondée sur l'expérience pour atteindre les ODD

Surmonter les principaux obstacles s'opposant à la concrétisation du droit à une alimentation adéquate nécessite d'assurer la cohérence des actions menées par différents intervenants. Comme en témoigne leur contenu, les Directives sur le droit à l'alimentation ont été les premières à mettre en évidence les caractéristiques des systèmes alimentaires durables indispensables pour garantir à tous la possibilité de s'alimenter dignement et de façon durable. Tous les pays du monde doivent désormais relever les défis fixés par les ODD, dont les indicateurs et les cibles rappellent de nombreuses composantes des Directives sur le droit à l'alimentation. La vaste expérience accumulée au cours des 15 dernières années – les défis complexes rencontrés et les importants progrès réalisés – devrait aider à orienter les efforts vers la consolidation des synergies et l'accroissement de l'efficacité des actions communes visant à éradiquer la faim et la malnutrition.

Les vulnérabilités évoluent dans un monde lui-même en pleine mutation, et les efforts doivent tenir compte de ces changements et y répondre

L'analyse des causes nuisant à la concrétisation du droit à une alimentation adéquate – axée sur les groupes vulnérables, y compris les femmes, les enfants et les peuples autochtones – doit impérativement permettre de comprendre également la nature adaptable et évolutive des vulnérabilités. Les nouvelles réalités et difficultés apparaissant au fil des années ont fait émerger de nouveaux obstacles et violations du droit à une alimentation adéquate pour des groupes différents et supplémentaires. Lorsque des problèmes prenant des proportions considérables pour les systèmes alimentaires, tels que le changement climatique, l'urbanisation rapide et la tendance croissante du surpoids et de l'obésité, exacerbent les vulnérabilités et les faiblesses structurelles existantes, la capacité à répondre efficacement aux besoins des plus vulnérables dépend de son adaptabilité à ces changements de circonstances.

Le droit au développement est un vecteur commun permettant d'atteindre un niveau de vie suffisant pour tous

La concrétisation du droit à une alimentation adéquate nécessite de prendre des mesures audacieuses dans différents domaines. Comme pour les droits de l'homme qui sont interconnectés et interdépendants, de nombreuses questions sous-jacentes doivent être abordées de manière unifiée pour garantir des progrès tangibles et concrets vers la réalisation des ODD. Le droit au développement, qui englobe bon nombre de ces domaines et questions, mérite une attention spéciale pour unir les efforts visant à assurer un niveau de vie suffisant pour tous en tant que « droit inaliénable de l'homme en vertu duquel toute personne humaine et tous les peuples ont le droit de participer et de contribuer à un développement économique, social, culturel et politique dans lequel tous les droits de l'homme et toutes les libertés fondamentales puissent être pleinement réalisés, et de bénéficier de ce développement »[122].

INFOGRAPHIE 5. MISE EN OEUVRE DES DIRECTIVES SUR LE DROIT À L'ALIMENTATION AU SEIN DES POLITIQUES

1 → 2 → 3

1 FACTEURS FAVORABLE

- Tisser des liens entre la planification et le budget
- Assurer une participation multi-acteurs et la connaissance
- Utiliser les données pour la prise de decisions
- Définir des mandats clairs pour les porteurs d'obligations

2 AIDENT

- Créer une coherence des politiques pour la sécurité alimentaire et la nutrition
- Adresser les vulnérabilités dynamiques

3 LA RÉALISATION

- Droit à l'alimentation
- Droit de développement
- Droit à un niveau de vie adéquat

©FAO/Olivier Asselin

Notes

1 CESCR. 1999. Observation générale no 12: *Le droit à une nourriture suffisante (art. 11).* Genève. Paragraphe 6. Disponible à l'adresse: tbinternet.ohchr.org/_layouts/15/treatybodyexternal/Download.aspx?symbolno=E%2fC.12%2f1999%2f5&Lang=fr.

2 FAO. 2005. *Déclaration du Sommet mondial de l'alimentation: cinq ans après.* Paragraphe 10. Disponible à l'adresse: www.fao.org/3/Y7106F/Y7106F09.htm.

3 FAO. 2005. *Directives volontaires à l'appui de la concrétisation progressive du droit à une alimentation adéquate dans le contexte de la sécurité alimentaire nationale.* Rome. Préface, Paragraphe 2. Disponible à l'adresse: www.fao.org/3/a-y7937f.pdf.

4 Comité de la sécurité alimentaire mondiale (CSA). 2004. *Rapport de la trentième session du CSA.* Rome. Paragraphe 23. Disponible à l'adresse: www.fao.org/3/J3345f/j3345f01.htm#P46_10670.

5 FAO. 2005. *Directives volontaires à l'appui de la concrétisation progressive du droit à une alimentation adéquate dans le contexte de la sécurité alimentaire nationale.* Rome. Préface, Paragraphe 9. Disponible à l'adresse: www.fao.org/3/a-y7937f.pdf.

6 FAO. 2005. *Directives volontaires à l'appui de la concrétisation progressive du droit à une alimentation adéquate dans le contexte de la sécurité alimentaire nationale.* Rome. Introduction, Paragraphe 16. Disponible à l'adresse: www.fao.org/3/a-y7937f.pdf.

7 CSA. 2009. *Réforme du Comité de la Sécurité alimentaire mondiale.* Vision, Paragraphe 4. Disponible à l'adresse: www.fao.org/3/a-k7197f.pdf.

8 CSA. 2017. *Cadre stratégique mondial pour la sécurité alimentaire et la nutrition.* Disponible à l'adresse: http://www.fao.org/3/MR173FR/mr173fr.pdf.

9 FAO. 2005. *Directives volontaires à l'appui de la concrétisation progressive du droit à une alimentation adéquate dans le contexte de la sécurité alimentaire nationale.* Rome. Directive 1.1. Disponible à l'adresse: www.fao.org/3/a-i2801f.pdf.

10 CSA. 2014. *Principes pour un investissement responsable dans l'agriculture et les systèmes alimentaires.* Rome. Objectif, Paragraphe 10. Disponible à l'adresse: www.fao.org/3/a-au866f.pdf.

11 FAO. 2015. *Directives volontaires visant à assurer la durabilité de la pêche artisanale dans le contexte de la sécurité alimentaire et de l'éradication de la pauvreté.* Rome. Directive 1.1 Disponible à l'adresse: www.fao.org/3/i4356fr/I4356FR.pdf.

12 CSA. 2015. *Cadre d'action pour la sécurité alimentaire et la nutrition lors des crises prolongées.* Objectif, Paragraphe 8. Disponible à l'adresse: www.fao.org/3/a-bc852f.pdf

13 À l'heure actuelle (août 2019), un avant-projet a été rédigé et une version finale devrait être approuvée lors de la 47e session du CSA en octobre 2020.

14 CSA. 2018. *Quarante-cinquième session «Sécurité alimentaire et nutrition – faire la différence».* Rapport. Disponible à l'adresse: www.fao.org/fileadmin/templates/cfs/CFS45/draft-final-report/MY266_CFS_2018_45_REPORT_fr.pdf.

15 CSA. 2018. *Quarante-cinquième session «Sécurité alimentaire et nutrition – faire la différence».* Expériences et bonnes pratiques concernant l'utilisation et l'application des Directives volontaires à l'appui de la concrétisation progressive du droit à une alimentation adéquate dans le contexte de la sécurité alimentaire nationale – Synthèse et principaux éléments. Disponible à l'adresse: www.fao.org/fileadmin/user_upload/bodies/CFS_sessions/CFS_45/CFS45_INF/MX518_INF_19/MX518_CFS_2018_45_INF_19_fr.pdf

16 FAO. 2009. *Projet de Déclaration du Sommet mondial sur la sécurité alimentaire.* WSFS 2009/2. Paragraphe 2. Disponible à l'adresse: www.fao.org/tempref/docrep/fao/Meeting/018/k6050f.pdf.

17 FAO. 2014. *Deuxième Conférence internationale sur la nutrition.* Document final de la Conférence: Déclaration de Rome sur la nutrition. Disponible à l'adresse: www.fao.org/3/a-ml542f.pdf.

18 Pour plus d'informations sur l'Observatoire du Droit à l'alimentation, voir www.righttofoodandnutrition.org/fr/content/observatoire

19 Déclaration de Vienne+20 des OSC. 2013. Disponible (en anglais) à l'adresse: viennaplus20.files.wordpress.com/2013/04/vienna20-cso-declaration-final.pdf.

20 Assemblée générale des Nations Unies (AGNU). 2012. *L'avenir que nous voulons.* A/RES/66/288. New York. Paragraphe 108. Disponible à l'adresse: www.un.org/ga/search/view_doc.asp?symbol=A/RES/66/288&Lang=F.

21 Assemblée générale des Nations Unies (AGNU). 2015. *Transformer notre monde: le Programme de développement durable à l'horizon 2030.* A/RES/70/1. New York. Disponible à l'adresse: www.un.org/ga/search/view_doc.asp?symbol=A/RES/70/1&Lang=F.

22 FAO. 2005. *Directives volontaires à l'appui de la concrétisation progressive du droit à une alimentation adéquate dans le contexte de la sécurité alimentaire nationale.* Rome. Directive 7.2. Disponible à l'adresse: www.fao.org/3/a-y7937f.pdf.

23 Constitution de la République fédérative du Brésil. Disponible (en anglais) aux adresses: www.fao.org/right-to-food-around-the-globe/countries/bra/fr/ et www.fao.org/faolex/results/details/en/c/LEX-FAOC116951, et en particulier ses articles 6 et 7.

24 Constitution de la République arabe d'Égypte. Disponible (en anglais)aux adresses: www.fao.org/right-to-food-around-the-globe/countries/egy/fr/ et www.fao.org/faolex/results/details/en/c/LEX-FAOC116951, et en particulier ses articles 79 et 80.

25 Constitution de la République de Cuba. Disponible (en espagnol) à l'adresse: www.granma.cu/file/pdf/gaceta/Nueva%20Constituci%C3%B3n%20240%20KB-1.pdf.

26 Constitution de la République démocratique fédérale du Népal. Disponible (en anglais) aux adresses: www.fao.org/right-to-food-around-the-globe/countries/npl/fr/ et www.fao.org/faolex/results/details/en/c/LEX-FAOC155698.

27 Constitution de la République du Zimbabwe. Disponible (en anglais) aux adresses: www.fao.org/right-to-food-around-the-globe/countries/zwe/fr/ etwww.fao.org/faolex/results/details/en/c/LEX-FAOC127325.

28 Constitution des États-Unis du Mexique. Disponible (en anglais) aux adresses: http://www.fao.org/right-to-food-around-the-globe/countries/mex/fr/ et www.fao.org/faolex/results/details/en/c/LEX-FAOC126640.

29 Constitution de la République de Fidji. Disponible (en anglais) aux adresses: www.fao.org/right-to-food-around-the-globe/countries/fji/fr/ et www.fao.org/faolex/results/details/en/c/LEX-FAOC127719.

30 Constitution de la République des Maldives. Disponible (en anglais) aux adresses:www.fao.org/right-to-food-around-the-globe/countries/mdv/fr/ et www.fao.org/faolex/country-profiles/general-profile/en/?iso3=MDV.

31 Constitution de la République de l'Équateur. Disponible (en anglais) aux adresses: http://www.fao.org/right-to-food-around-the-globe/countries/ecu/fr/ et http://www.fao.org/faolex/results/details/en/c/LEX-FAOC127389.

32 Constitution de l'État plurinational de Bolivie. Disponible (en anglais) aux adresses: www.fao.org/right-to-food-around-the-globe/countries/bol/fr/ et www.fao.org/faolex/results/details/en/c/LEX-FAOC117795.

33 Constitution de la République dominicaine. Disponible (en anglais) aux adresses: www.fao.org/right-to-food-around-the-globe/countries/dom/fr/ et www.fao.org/faolex/results/details/en/c/LEX-FAOC187716.

34 Constitution de la République du Kenya. Disponible (en anglais) aux adresses: www.fao.org/right-to-food-around-the-globe/countries/ken/fr/ et www.fao.org/faolex/results/details/en/c/LEX-FAOC127322.

35 Constitution de la République du Panama. Disponible (en anglais) aux adresses: www.fao.org/right-to-food-around-the-globe/countries/pan/fr/ et www.fao.org/faolex/results/details/en/c/LEX-FAOC127522.

36 Constitution de la République démocratique du Congo. Disponible (en anglais)aux adresses: www.fao.org/right-to-food-around-the-globe/countries/cod/fr/ et www.fao.org/faolex/results/details/en/c/LEX-FAOC128142.

37 Constitution de la République du Niger. Disponible aux adresses: www.fao.org/right-to-food-around-the-globe/countries/ner/fr/ et www.fao.org/faolex/country-profiles/general-profile/en/?iso3=NER.

38 FAO. 2014. *Legal developments in the progressive realization of the right to adequate food.* Étude thématique 3, p. 5. Disponible (en anglais)à l'adresse: www.fao.org/3/a-i3892e.pdf.

39 FAO. 2014. *Legal developments in the progressive realization of the right to adequate food.* Étude thématique 3, p. 7. Disponible (en anglais) à l'adresse: www.fao.org/3/a-i3892e.pdf.

40 Pour une analyse détaillée, voir *Les Fronts parlementaires contre la faim et les initiatives législatives pour le droit à une alimentation et nutrition adéquates: l'expérience de l'Amérique latine et des Caraïbes,* 2009-2016, p. 36-37. Disponible à l'adresse: www.fao.org/3/a-i7872f.pdf.

41 Loi no 37/IX/2018, disponible (en portugais) à l'adresse: extwprlegs1.fao.org/docs/pdf/cvi180305.pdf. Pour plus d'informations, voir www.fao.org/faolex/results/details/en/c/LEX-FAOC180305 (en anglais).

42 Loi de Zanzibar relative à la sécurité alimentaire et à la nutrition, 2011. Disponible (en anglais) à l'adresse: extwprlegs1.fao.org/docs/pdf/tan108982.pdf.

43 Loi-cadre de PARLATINO sur le droit à la sécurité et à la souveraineté alimentaires, 2012. Pour une analyse détaillée, voir *Les Fronts parlementaires contre la faim et les initiatives législatives pour le droit à une alimentation et nutrition adéquates: l'expérience de l'Amérique latine et des Caraïbes,* 2009-2016, p. 34-35. Disponible à l'adresse: www.fao.org/3/a-i7872f.pdf.

44 Mander, H. 2015. *L'approvisionnement alimentaire public en tant que protection sociale: Débattre de la loi sur la sécurité alimentaire nationale de l'Inde,* disponible à l'adresse: www.fao.org/3/a-i4957f.pdf. Pour plus d'informations, voir l'étude thématique 3, p. 7-9, disponible (en anglais) à l'adresse: www.fao.org/3/a-i3892e.pdf.

45 Pour une analyse détaillée, voir *Les Fronts parlementaires contre la faim et les initiatives législatives pour le droit à une alimentation et nutrition adéquates: l'expérience de l'Amérique latine et des Caraïbes,* 2009-2016, p. 52-53. Disponible à l'adresse: www.fao.org/3/a-i7872f.pdf.

46 Pour plus d'informations sur les mesures prises pour lutter contre les pertes et le gaspillage alimentaires, voir FAO. 2018. *Food loss and waste and the right to adequate food: Making the connection,* Right to Food Discussion Paper. Disponible (en anglais) à l'adresse: www.fao.org/3/CA1397EN/ca1397en.pdf.

47 Loi no 2016-138 du 11 février 2016 relative à la lutte contre le gaspillage alimentaire, disponible à l'adresse: extwprlegs1.fao.org/docs/pdf/fra155386.pdf.

48 Loi no 166 sur le don et la distribution d'aliments et de produits pharmaceutiques à des fins de solidarité sociale et de prévention du gaspillage alimentaire. Disponible (en italien) à l'adresse: extwprlegs1.fao.org/docs/pdf/ita160906.pdf.

49 Loi sur la sécurité alimentaire, disponible (en monténégrin) à l'adresse: extwprlegs1.fao.org/docs/pdf/mne130368.pdf. Pour plus d'informations, voir l'étude thématique 3, p. 9, disponible (en anglais) à l'adresse: www.fao.org/3/a-i3892e.pdf.

50 FAO. 2005. *Directives volontaires à l'appui de la concrétisation progressive du droit à une alimentation adéquate dans le contexte de la sécurité alimentaire nationale.* Rome. Directive 2.2. Disponible à l'adresse: www.fao.org/3/a-y7937f.pdf.

51 FAO. 2014. *The current status of the right to adequate food in food security and nutrition policy designs.* Étude thématique 1, p. 3. Disponible (en anglais) à l'adresse: www.fao.org/3/a-i3890e.pdf.

52 Les Directives plus particulièrement pertinentes sont: les paragraphes 10, 11, 12, 15, 16 et 17 de l'Introduction et la Directive 16.2.

53 Les Directives plus particulièrement pertinentes sont: le paragraphe 19 de l'Introduction et les Directives 2.2, 13 et 16.8.

54 Les Directives plus particulièrement pertinentes sont: les Directives 1.1 et 1.2.

55 Les Directives plus particulièrement pertinentes sont: les Directives 2.1 et 3.3.

56 Les Directives plus particulièrement pertinentes sont: les Directives 2.4, 2.5, 7, 8, 9, 10, 11 et 14.

57 Les Directives plus particulièrement pertinentes sont: les Directives 1.3, 2.5, 3.8, 3.9, 5.4 et 5.5.

58 Les Directives plus particulièrement pertinentes sont: les Directives 5, 6, 7 et 18.2, ainsi que le paragraphe 14 de la Section III.

59 Les Directives plus particulièrement pertinentes sont: les Directives 16.8 et 17.

60 FAO. 2014. *The current status of the right to adequate food in food security and nutrition policy designs.* Étude thématique 1, p. 32 et 33. Disponible (en anglais) à l'adresse: www.fao.org/3/a-i3890e.pdf.

61 FAO. 2014. *The current status of the right to adequate food in food security and nutrition policy designs*. Étude thématique 1, p 4. Disponible (en anglais) à l'adresse: www.fao.org/3/a-i3890e.pdf.

62 Politique de sécurité alimentaire et nutritionnelle de Grenade, 2013. Disponible (en anglais) à l'adresse: extwprlegs1.fao.org/docs/pdf/grn144960.pdf.

63 Politique de sécurité alimentaire et nutritionnelle du Gouvernement de la Jamaïque. Disponible (en anglais) à l'adresse: extranet.who.int/nutrition/gina/sites/default/files/JAM%202013%20Food%20and%20nutrition%20security%20policy.pdf

64 Stratégie de sécurité alimentaire et nutritionnelle de Guyana. Disponible (en anglais) à l'adresse: extwprlegs1.fao.org/docs/pdf/guy166205.pdf.

65 Politique de sécurité alimentaire et nutritionnelle du Royaume du Bhoutan, 2014. Disponible (en anglais) à l'adresse: extwprlegs1.fao.org/docs/pdf/bhu175533.pdf.

66 Política Nacional de Seguridad Alimentaria y Nutricional 2011-2015. Disponible (en espagnol) à l'adresse: drive.google.com/file/d/0BzZiP2_1UjVNUVRpZ1JnNnZsQjQ/view. Pour plus d'informations, voir: www.fao.org/right-to-food/resources/resources-detail/fr/c/284786/.

67 Politique de sécurité alimentaire et nutritionnelle de la Sierra Leone 2012-2016. Disponible (en anglais) à l'adresse: extranet.who.int/nutrition/gina/sites/default/files/SLE%202012%20Sierra%20Leone%20Nutrition%20Policy%20pdf%20version.pdf.

68 Estrategia nacional de seguridad alimentaria y nutricional 2013-2021. Disponible (en espagnol) à l'adresse: extranet.who.int/nutrition/gina/sites/default/files/PER%202013%20-%20ENSAN_Estrategia-Nacional-Seguridad-Alime.pdf.

69 Stratégie alimentaire et nutritionnelle nationale. Disponible (en anglais) à l'adresse: extranet.who.int/nutrition/gina/sites/default/files/UGA%202005%20The%20National%20Food%20and%20Nutrition%20Strategy.pdf.

70 FAO. 2014. Étude thématique 2. Disponible (en anglais) à l'adresse: www.fao.org/3/a-i3891e.pdf.

71 FAO. 2005. *Directives volontaires à l'appui de la concrétisation progressive du droit à une alimentation adéquate dans le contexte de la sécurité alimentaire nationale.* Rome. Directive 5.2. Disponible à l'adresse: www.fao.org/3/a-y7937f.pdf.

72 Loi no 11.346 de 2006. Disponible (en portugais) à l'adresse: extwprlegs1.fao.org/docs/pdf/bra66189.pdf.

73 Décret 32-2005. Disponible (en espagnol) à l'adresse: www.sipi.siteal.iipe.unesco.org/sites/default/files/sipi_normativa/guatemala_decreto_nro_32_2005.pdf.

74 Pour plus d'informations, voir le site Internet de l'INCOPAS (en espagnol): www.incopas.org.

75 Rédigés à Paris en 1991 et adoptés par la Résolution 48/134 des Nations Unies sur les institutions nationales pour la promotion et la protection des droits de l'homme. Disponible (en anglais) à l'adresse: www.nhri.ohchr.org.

76 Constitution de la République d'Afrique du Sud. Disponible (en anglais) à l'adresse: extwprlegs1.fao.org/docs/pdf/saf127487.pdf. Pour plus d'informations sur la Commission, voir son site Internet: www.sahrc.org.za/index.php/about-us/about-the-sahrc.

77 FAO. 2005. *Directives volontaires à l'appui de la concrétisation progressive du droit à une alimentation adéquate dans le contexte de la sécurité alimentaire nationale.* Rome. Directive 7.2. Disponible à l'adresse: www.fao.org/3/a-y7937f.pdf.

78 FAO. 2014. Étude thématique 2. Disponible (en anglais) à l'adresse: www.fao.org/3/a-i3891e.pdf.

79 Convention relative à l'assistance alimentaire. Disponible à l'adresse: www.foodaidconvention.org/Pdf/FoodAssistance/FoodAssistance_f.pdf.

80 Pour plus d'informations, voir *Les Fronts parlementaires contre la faim et les initiatives législatives pour le droit à une alimentation et nutrition adéquates: l'expérience de l'Amérique latine et des Caraïbes,* 2009-2016. Disponible à l'adresse: www.fao.org/3/a-i7872f.pdf.

81 FAO. 2018. Déclaration finale adoptée par consensus et acclamation: Appel à l'action afin d'atteindre la Faim Zéro et concrétiser le droit à une alimentation adéquate pour tous. Disponible à l'adresse: www.fao.org/3/CA2259FR/ca2259fr.pdf.

82 FAO. 2005. *Directives volontaires à l'appui de la concrétisation progressive du droit à une alimentation adéquate dans le contexte de la sécurité alimentaire nationale.* Rome. Directive 1.2. Disponible à l'adresse: www.fao.org/3/a-y7937f.pdf.

83 FAO. 2005. *Directives volontaires à l'appui de la concrétisation progressive du droit à une alimentation adéquate dans le contexte de la sécurité alimentaire nationale.* Rome. Directive 11.5. Disponible à l'adresse: www.fao.org/3/a-y7937f.pdf.

84 FAO. 2005. *Directives volontaires à l'appui de la concrétisation progressive du droit à une alimentation adéquate dans le contexte de la sécurité alimentaire nationale.* Rome. Directive 1.1. Disponible à l'adresse: www.fao.org/3/a-y7937f.pdf.

85 FAO. 2005. *Directives volontaires à l'appui de la concrétisation progressive du droit à une alimentation adéquate dans le contexte de la sécurité alimentaire nationale.* Rome. Directive 3.3. Disponible à l'adresse: www.fao.org/3/a-y7937f.pdf.

86 FAO. 2005. *Directives volontaires à l'appui de la concrétisation progressive du droit à une alimentation adéquate dans le contexte de la sécurité alimentaire nationale.* Rome. Directive 8.3. Disponible à l'adresse: www.fao.org/3/a-y7937f.pdf.

87 FAO. 2005. *Directives volontaires à l'appui de la concrétisation progressive du droit à une alimentation adéquate dans le contexte de la sécurité alimentaire nationale.* Rome. Directive 8.1. Disponible à l'adresse: www.fao.org/3/a-y7937f.pdf.

88 FAO. 2015. *Directives volontaires visant à assurer la durabilité de la pêche artisanal.* Rome. Disponible à l'adresse: http://www.fao.org/3/i4356fr/I4356FR.pdf.

89 Groupe d'experts intergouvernemental sur l'évolution du climat (GIEC). 2019. *Changement climatique et terres émergées,* chap. 5. Disponible (en anglais) à l'adresse: www.ipcc.ch/report/srccl.

90 Bureau de la coordination des affaires humanitaires (BCAH). 2017. *Ending protracted internal displacement understanding the issue.* Disponible (en anglais) à l'adresse: www.unocha.

org/ending-protracted-internal-displacement/understanding-issue.

91 FAO. 2005. *Directives volontaires à l'appui de la concrétisation progressive du droit à une alimentation adéquate dans le contexte de la sécurité alimentaire nationale.* Rome. Directive 2.4. Disponible à l'adresse: www.fao.org/3/a-y7937f.pdf.

92 Cible 10.2 des ODD, disponible à l'adresse: www.un.org/sustainabledevelopment/fr/inequality.

93 Cible 10.3 des ODD, disponible à l'adresse: www.un.org/sustainabledevelopment/fr/inequality.

94 Cible 16.b des ODD, disponible à l'adresse: www.un.org/sustainabledevelopment/fr/peace-justice.

95 Assemblée générale des Nations Unies (AGNU). 2015. *Transformer notre monde: le Programme de développement durable à l'horizon 2030.* A/RES/70/1. New York. paragraphe 10. Disponible à l'adresse: www.un.org/ga/search/view_doc.asp?symbol=A/RES/70/1&Lang=F.

96 FAO. 2005. *Directives volontaires à l'appui de la concrétisation progressive du droit à une alimentation adéquate dans le contexte de la sécurité alimentaire nationale.* Rome. Introduction, paragraphe 11. Disponible à l'adresse: www.fao.org/3/a-y7937f.pdf.

97 FAO. 2005. *Directives volontaires à l'appui de la concrétisation progressive du droit à une alimentation adéquate dans le contexte de la sécurité alimentaire nationale.* Rome. Introduction. Disponible à l'adresse: www.fao.org/3/a-y7937f.pdf.

98 Cible 2.4 des ODD. Disponible à l'adresse: www.un.org/sustainabledevelopment/fr/hunger.

99 Cible 12.3 des ODD. Disponible à l'adresse: www.un.org/sustainabledevelopment/fr/sustainable-consumption-production.

100 Cible 12.8 des ODD, disponible à l'adresse: www.un.org/sustainabledevelopment/fr/sustainable-consumption-production.

101 Groupe d'experts intergouvernemental sur l'évolution du climat (GIEC). 2019. Changement climatique et terres émergées, chap. 5. Disponible (en anglais) à l'adresse: www.ipcc.ch/report/srccl.

102 Pour plus d'informations sur les pertes et le gaspillage alimentaire, voir http://www.fao.org/3/CA1397EN/ca1397en.pdf (en anglais).

103 À compter d'août 2019, un avant-projet a été élaboré et une version finale devrait être approuvée lors de la 47e session du CSA en octobre 2020.

104 Groupe d'experts de haut niveau sur la sécurité alimentaire et la nutrition (HLPE). 2014. Pertes et gaspillages de nourriture dans un contexte de systèmes alimentaires durables. Un rapport du Groupe d'experts de haut niveau sur la sécurité alimentaire et la nutrition. Disponible à l'adresse: www.fao.org/3/a-i3901f.pdf.

105 Groupe d'experts de haut niveau sur la sécurité alimentaire et la nutrition (HLPE). 2014. Pertes et gaspillages de nourriture dans un contexte de systèmes alimentaires durables. Recommandations politiques. Disponible à l'adresse: www.fao.org/3/a-av037f.pdf.

106 Cible 8.5 des ODD. Disponible à l'adresse: www.un.org/sustainabledevelopment/fr/economic-growth.

107 Cible 4.7 des ODD. Disponible à l'adresse: www.un.org/sustainabledevelopment/fr/education.

108 Cible 1.3 des ODD. Disponible à l'adresse: www.un.org/sustainabledevelopment/fr/poverty.

109 FAO. 2005. *Directives volontaires à l'appui de la concrétisation progressive du droit à une alimentation adéquate dans le contexte de la sécurité alimentaire nationale.* Rome. Directive 8.1. Disponible à l'adresse: http://www.fao.org/3/a-y7937f.pdf.

110 Cible 2.3 des ODD. Disponible à l'adresse: www.un.org/sustainabledevelopment/fr/hunger.

111 Cible 1.4 des ODD. Disponible à l'adresse: www.un.org/sustainabledevelopment/fr/poverty.

112 Cible 1.5 des ODD, disponible à l'adresse: Disponible à l'adresse: www.un.org/sustainabledevelopment/fr/poverty.

113 Cible 13.2 des ODD, disponible (en anglais) à l'adresse: www.un.org/sustainabledevelopment/fr/climate-change-2.

114 FAO. 2005. *Directives volontaires à l'appui de la concrétisation progressive du droit à une alimentation adéquate dans le contexte de la sécurité alimentaire nationale.* Rome. Directives 3.1 et 3.9. Disponibles à l'adresse: www.fao.org/3/a-y7937f.pdf

115 Convention-Cadre des Nations Unies sur les Changements Climatiques (CCNUCC), Article 2, Objectif. Disponible à l'adresse: unfccc.int/resource/docs/convkp/convfr.pdf.

116 Nations Unies. 2015. Accord de Paris. Disponible à l'adresse: https://unfccc.int/sites/default/files/french_paris_agreement.pdf

117 FAO. 2018. *The Koronivia joint work on agriculture and the convention bodies: an overview.* Disponible (en anglais) à l'adresse: http://www.fao.org/3/ca1544en/CA1544EN.pdf.

118 FAO. 2005. *Directives volontaires à l'appui de la concrétisation progressive du droit à une alimentation adéquate dans le contexte de la sécurité alimentaire nationale.* Rome. Directive 8.13. Disponible à l'adresse: http://www.fao.org/3/a-y7937f.pdf.

119 FAO. 2017. *Améliorer la sécurité alimentaire et la nutrition lors des crises prolongées. Conseils pour mettre en place le Cadre d'action pour la sécurité alimentaire et la nutrition lors des crises prolongées (CSA-CDA).*

120 Cible 17.14 des ODD. Disponible à à l'adresse: www.un.org/sustainabledevelopment/fr/globalpartnerships.

121 FAO. 2019. *The future of food,* Colloque international, p. 6. Disponible (en anglais) à l'adresse: www.fao.org/3/ca4967en/ca4967en.pdf.

122 Haut-Commissariat des Nations Unies aux droits de l'homme (HCDH). 1996. Déclaration sur le droit au développement, article 1. Disponible à l'adresse: www.ohchr.org/FR/ProfessionalInterest/Pages/RightToDevelopment.aspx.

ENCADRÉS

1

1 SSHRF. 2017. Déclaration adoptée par le premier Forum Sud-Sud pour les droits de l'homme. Pékin. Disponible (en anglais) à l'adresse: p.china.org.cn/2017-12/10/content_50095729.htm.

2

1 FAO. 2019. *Année internationale des fruits et légumes (Projet de résolution).* Disponible à l'adresse: www.fao.org/3/mz202fr/mz202fr.pdf.

2 FAO. 2019. *Journée internationale de sensibilisation aux pertes et gaspillages de nourriture (projet de résolution)* www.fao.org/3/mz204fr/mz204fr.pdf.

3 FAO. 2019. Journée mondiale de l´alimentation. [en ligne]. Rome. [Consulté le 13 août 2019]. http://www.fao.org/world-food-day/home/fr.

4 Nations Unies. 2007. Déclaration des Nations Unies sur les droits des peuples autochtones. New York. Disponible à l'adresse: www.un.org/development/desa/indigenouspeoples/wp-content/uploads/sites/19/2018/11/UNDRIP_F_web.pdf.

5 Haut-Commissariat des Nations Unies aux droits de l'homme (HCDH). 2016. Le droit au développement: questions fréquemment posées. New York et Genève. Disponible à l'adresse: www.ohchr.org/Documents/Publications/FactSheet37_FR.pdf.

3

1 FAO. 2011. Jugement de la Cour Suprême du Népal sur le droit à l'alimentation. [Consulté le 5 août 2019]. http://www.fao.org/right-to-food/news/news-detail/fr/c/124031.

4

1 Données extraites de The Indigenous World 2019, IWGIA, 2019.

2 Nations Unies. 2017. Dixième anniversaire de la Déclaration des Nations Unies sur les droits des peuples autochtones: mesures prises pour mettre en œuvre la Déclaration. E/C.19/2017/4. Disponible à l'adresse: https://www.un.org/en/ga/search/view_doc.asp?symbol=E/C.19/2017/4&Lang=F. À cet égard, compte tenu de la diversité des peuples autochtones, il existe un consensus international généralisé selon lequel il n'est ni nécessaire, ni souhaitable, de trouver une définition universelle.

3 L'absence de reconnaissance de leur existence met en danger la concrétisation *de facto* du reste de leurs droits.

4 Titres forestiers coutumiers.

5

1 Pour plus d'informations, voir http://www.fao.org/rural-institutions/fr/ et http://www.fao.org/fao-stories/article/fr/c/1200426.

2 Pour plus d'informations, voir https://elpais.com/elpais/2016/07/18/planeta_futuro/1468855507_329917.html (en espagnol).

7

1 Pacte de politique alimentaire urbaine de Milan. *The narrative report on the role of Milan pact cities in the transformation of food systems.* http://www.http://www.milanurbanfoodpolicypact.org/2018/10/04/mpa-narrative-report.

2 Pacte de politique alimentaire urbaine de Milan. Muffp monitoring framework indicators to be presented in Tel Aviv.http://www.milanurbanfoodpolicypact.org/2018/08/30/muffp-monitoring-framework-indicators-presented-tel-aviv.

3 Pacte de politique alimentaire urbaine de Milan. First regional forum of Latin American signatory cities. hhttp://www.milanurbanfoodpolicypact.org/2019/05/02/the-first-regional-forum-of-latin-american-signatory-cities-of-the-mufpp-is-approaching.

4 Pacte de politique alimentaire urbaine de Milan. How food can be the key to a longterm climate change solution. http://www.milanurbanfoodpolicypact.org/2019/06/19/how-food-can-be-the-key-to-a-long-term-climate-change-solution.

10

1 De nombreux pays contribuent à la concrétisation du droit à l'alimentation grâce à leurs politiques et programmes de développement et de coopération internationaux. Les exemples fournis ici font explicitement référence aux droits économiques, sociaux et culturels, y compris le droit à l'alimentation.

2 Pour plus d'informations, voir http://www.fao.org/in-action/program-brazil-fao/projects/school-feeding/en/ (en anglais).

3 Voir http://um.dk/en/danida-en/Strategies%20and%20priorities (en anglais).

4 Voir https://ec.europa.eu/europeaid/node/116803_fr (en anglais).

5 Voir https://ec.europa.eu/europeaid/node/967_fr (en anglais).

6 Voir https://um.fi/finland-s-international-human-rights-policy#escr (en anglais).

7 Voir https://www.diplomatie.gouv.fr/fr/photos-videos-publications-infographies/publications/enjeux-planetaires-cooperation-internationale/documents-de-strategie-sectorielle/droits-humains-et-developpement-une-approche-de-la-cooperation-au-developpement.

8 Voir https://www.bmz.de/en/issues/HumanRights/index.html (en anglais).

9 Voir https://www.giz.de/en/aboutgiz/identity.html et https://www.giz.de/en/aboutgiz/40669.html (tous deux en anglais).

10 Pour plus d'informations, voir https://www.gob.mx/amexcid/acciones-y-programas/donde-y-con-quien-cooperamos-29337 (en espagnol).

11 Pour plus d'informations, voir http://www.fao.org/in-action/mesoamerica-sin-hambre/elprograma/general/en/ (en anglais).

12 Pour plus d'informations, voir *Les Fronts parlementaires contre la faim et les initiatives législatives pour le droit à une alimentation et nutrition adéquates: l'expérience de l'Amérique latine et des Caraïbes,* 2009-2016, disponible à l'adresse: http://www.fao.org/3/a-i7872f.pdf.

13 Voir https://www.dutchdevelopmentresults.nl/themes et https://www.government.nl/topics/development-cooperation/the-development-policy-of-the-netherlands (tous deux en anglais).

14 Voir https://www.regjeringen.no/en/topics/foreign-affairs/development-cooperation/id1159/ et https://www.regjeringen.no/en/aktuelt/combat_hunger/id2661244/ (tous deux en anglais).

15 Voir http://www.aecid.es/EN/aecid (en anglais).

16 Voir https://www.government.se/country-and-regional-strategies/2017/12/strategy-for-swedens-development-cooperation-in-the-areas-of-human-rights-democracy-and-the-rule-of-law-20182022/ et https://www.government.se/49b9d3/contentassets/9f1870ad998f4b53a79989b90bd85f3f/rk_strategi-for-sveriges-utvecklingssamarbete_eng_webb22.pdf (tous deux en anglais).

17 Voir https://www.sida.se/English/About-us/How-we-are-governed/strategies-for-swedish-development-cooperation (en anglais).